品质课程聚焦丛书

王雪梅　杨四耕　主编

自组织课程

语文学科课程群新视角

苏家云◎主编

全国教育科学"十三五"规划课题
"区域推进中小学品质课程建设的实践研究"
（课题编号 FHB180571）之研究成果

华东师范大学出版社
·上海·

图书在版编目（CIP）数据

自组织课程：语文学科课程群新视角/苏家云主编. —上海：
华东师范大学出版社，2021
（品质课程聚焦丛书）
ISBN 978－7－5760－1796－0

Ⅰ．①自… Ⅱ．①苏… Ⅲ．①小学语文课－教学研究
Ⅳ．①G623.202

中国版本图书馆 CIP 数据核字（2021）第 148213 号

品质课程聚焦丛书

自组织课程：语文学科课程群新视角

丛书主编　王雪梅　杨四耕
主　　编　苏家云
责任编辑　刘　佳
项目编辑　林青荻
特约审读　欧阳枫琳
责任校对　郭　琳　时东明
装帧设计　卢晓红

出版发行　华东师范大学出版社
社　　址　上海市中山北路 3663 号　邮编 200062
网　　址　www. ecnupress. com. cn
电　　话　021－60821666　行政传真 021－62572105
客服电话　021－62865537　门市（邮购）电话 021－62869887
地　　址　上海市中山北路 3663 号华东师范大学校内先锋路口
网　　店　http：//hdsdcbs. tmall. com

印 刷 者　杭州日报报业集团盛元印务有限公司
开　　本　787×1092　16 开
印　　张　15
字　　数　150 千字
版　　次　2021 年 12 月第 1 版
印　　次　2021 年 12 月第 1 次
书　　号　ISBN 978－7－5760－1796－0
定　　价　48.00 元

出 版 人　王　焰

（如发现本版图书有印订质量问题，请寄回本社客服中心调换或电话 021－62865537 联系）

丛书总序

　　自 2015 年以来，我们在合肥市蜀山区推进"品质课程"项目，致力于学校课程文化变革，改变区域课程改革生态。这些年，我们深刻地感受到，课程是一种文化存在，文化是课程的存在方式和存在本身。

　　怀特海指出，过程是世界万物固有的本性。[①] 在他看来，"事件"和"事物"不同：事件是唯一的，是不可重复的；而事物则是自然之物，是永恒的。[②] 据此，我们认为，课程文化不仅仅是事物的集合，更是事件的生成。我们可将课程文化理解为事件之展开而非仅仅是事物之集合，由此所展现的将是课程文化要素、课程文化形态、课程文化主体共同构成的一幅立体兼容的文化图景。

　　从"事物"角度看，课程文化是课程形态和课程实践蕴含的价值、信仰、规范以及语言等文化要素的合生体，这些文化要素构成了课程文化的基质。因此，课程文化是一种信仰、一种语言、一种规范、一种眼光、一种思维方式、一种处理问题的方式，它们具体表现为课程精神文化、行为文化、制度文化以及物质文化。课程文化要素的相互摄入以及微观生成，构成学校课程文化变革的内在过程。在怀特海看来，把具体要素据为己有的每一过程叫作摄入。[③] "摄入"理论从微观层面说明了现实存在自我生成的内在机制。

　　课程精神文化、行为文化、制度文化以及物质文化诸要素相互摄入进而存在于另一存在之中，成为相互依存的合生体。在这个合生体中，课程精神文化是最核心的、最深层的、根部性的文化要素，是课程物质文化、制度文化与行为文化的价值凝练和理念引领。课程制度文化是具有中介性质的文化，它联结课程物质文化和行为文化，既是课程物质文化的制度保证，又是

① 怀特海. 过程与实在：宇宙论研究（修订版）［M］. 杨富斌，译. 北京：中国人民大学出版社，2013.
② 陈奎德. 怀特海哲学演化概论［M］. 上海：上海人民出版社，1988.
③ 杨富斌，等. 怀特海过程哲学研究［M］. 北京：中国人民大学出版社，2018.

课程行为文化的规约机制。课程行为文化是课程文化的表现，既受课程精神文化的直接影响，又受课程制度文化的现实规范。课程物质文化处在表层，是课程精神文化、课程行为文化和制度文化的空间和载体。如此，课程文化诸要素相互摄入、相互作用，共同构成课程文化的深层结构。

课程文化变革过程包含"物质性摄入"与"概念性摄入"，① 这两种摄入是多维关联的重构过程，其中微观生成是生动活泼而丰富多彩的。一般地说，学校课程文化诸要素之间的相互摄入，其中课程精神文化居于核心地位，它体现于其他各要素之中。课程文化变革可以从课程文化的部分要素开始，以点带面，但要实现课程文化彻底转向，或要真正提升学校课程品质，就必须整体协调课程文化之各要素，就要以"文化的眼光"或"思维方式"进行这种摄入行动的思考和判断。

以上是课程文化的"事物观"及其变革机理。在这里，我想再说一个观点，那就是：课程文化不是简单的要素组合，而是一个展开的事件。正如巴迪欧在《存在与事件》一书中所言：真理只有通过与支撑它的秩序决裂才得以建构，它绝非那个秩序的结果；我把这种开启真理的决裂称为"事件"；真正的哲学不是始于结构的事实（文化的、语言的、制度的等），而是仅始于发生的事件，始于仍然处于完全不可预料的突现的形式中的事件。② 从"事件"角度看，课程文化是一个不可能重复出现的生成过程，处于不断运动变化之中。作为"事件"的课程文化之真理即是在完整的课程实践中成就人、发展人和完善人。

课程文化是学校里公开的或隐蔽的信念、行为、习惯和价值观等要素相互"包含""进入""创造""构成"的"合生"事件，它融合了课程的物质和精神两个层面的意涵，它不仅包含课程意识、课程理念、课程价值等内隐的精神文化形态，而且包含学校课程实践过程中所创造的课程物质、课程制度以及课程行为等外显的文化形态，是诸要素相互参与和多维互动的创造过程，是"事件"生成与发生的过程——因为"文化的每一个方面都是一个能

---

① 怀特海认为，对现实存在的摄入——其材料包含着现实存在的摄入——叫作"物质性摄入"；对永恒客体的摄入叫作"概念性摄入"。参阅：杨富斌，等. 怀特海过程哲学研究 [M]. 北京：中国人民大学出版社，2018.

② Alain Badiou. Being and Event [M]. London：Continuum International Publishing Group，2006.

够改变文化的创造源，都是非常主动的创造性力量"①。

一种文化首先意味着一种眼光，眼光不同，对所有事情的理解就不同。② 课程文化是我们做事的眼光、处事方式和思维习惯，是生长着的"事件"，是我们理解课程实践、推进课程变革的眼光。当然，课程文化虽然是一个"事件"，但在本体论意义上，课程文化仍然是一种不易感知的实在。人类学家指出，人们一般意识不到他们身边的文化，因为此类文化表现为平常的生活，表现为看上去正常和自然的东西。文化以无意识的状态或者说未被检查的状态悄悄地让我们做出选择、进入生活。③

但是，这并不妨碍我们认识课程文化，我们仍然可以用智慧感知课程文化的存在，我们仍然可以用眼睛捕捉课程物质文化、制度文化、行为文化和精神文化。课程物质文化是以物质形态存在的设施和空间，这是课程文化赖以存在的物质基础与场域条件；课程制度文化是学校制定的规约课程实践的活动程序和价值规范，是学校课程变革过程中形成的价值体系和活动规则；课程行为文化是行为主体在长期的课程实践过程中形成的处理课程事务的一以贯之的行为方式，这种行为方式具有长期稳定性、潜意识性和无需提醒等特点；课程精神文化是学校课程文化的核心，是主导学校课程实践的理念和精神，通常会借助富有哲理的语言加以概括。这些课程文化要素，我们可以"看见"它们的合生性存在，也可以"分辨"它们的原子性存在。

我们的结论是：课程与文化有着天然的血肉联系，凡是课程变革一定是文化变革，没有文化内核的课程变革很难取得成功；文化变革需要课程建设支撑，没有课程支撑的文化变革是不可思议的。怀特海指出，现实存在就是合生，每一个现实存在都不是只有一种元素的简单的存在，不是原子论意义上的存在，而是由诸多要素构成的合生或有机体。④ 在学校课程变革过程中，课程与文化二者"合生"即生成课程文化。课程与文化的"合生"设计，是学校课程文化变革的重要方法。

在具体操作上，推进学校课程文化变革有两条道路可供选择。第一条道

①② 赵汀阳. 赵汀阳自选集［M］. 桂林：广西师范大学出版社，2000.

③ 约瑟夫，等. 课程文化［M］. 余强，译. 杭州：浙江教育出版社，2008.

④ 怀特海. 过程与实在：宇宙论研究（修订版）［M］. 杨富斌，译. 北京：中国人民大学出版社，2013.

路是自上而下的演绎道路，实现从文化概念到课程设计的"合生"。首先确定学校课程哲学，包括学校课程理念、课程愿景、育人目标和课程目标。其次，厘定学校育人目标和课程目标。再次，梳理学校课程框架，设计学校课程内容。复次，活跃学校课程实施，使课程功能最大化。最后，把握学校课程评价和管理。如此，课程文化建设是从文化概念建构开始的，由此展开学校课程整体规划，实现从文化概念到课程设计的"合生"。

第二条道路是自下而上的归纳道路，实现从课程实践到文化逻辑的"合生"。学校课程文化建设实际上也是学校文化决策过程，每一所学校都有自己的文化背景，包括周边的文化资源、历史传统、现实经验，这是学校课程文化变革的客观基础，也是学校课程哲学生长的土壤，"土质"的不同导致学校课程哲学追求的不同。如何在分析学校课程情境的基础上，对学生的需求进行调查，了解现有课程的实施情况，发现学校课程中存在的问题；根据学校课程情境分析和学生需求调查，形成学校课程哲学，明确学校的育人目标和课程目标；基于课程价值需求分析，建构学校课程框架与体系；布局学校课程实施的多维途径和多种方式，确保课程实施的有序与有效；制定一套课程管理制度，保障课程变革顺利推进；制定一套评估方法，对课程品质进行评估。这是由课程实践到文化逻辑的"合生"过程。

合肥市蜀山区"品质课程"项目实践表明，学校课程文化变革可以是演绎式，也可以是归纳式。演绎式可理解为"概念先行——实践验证"方式；归纳式可理解为"实践探索——归纳提升"方式。课程是具有情境性和价值负载的文本，学校课程文化变革宜采取"理论、研究与实践互动"的方式。这种方式不完全依赖于概念或理论，也不脱离学校实际情境。在学校课程实践中，以学校课程情境为基础，以课程的实际问题为切入点，以理论为指导，以概念为圆心，边研究边行动，在实践中总结提炼，又在实践中加以验证与改造，在理论与实践的互动互补、碰撞对话中生成学校独有的课程文化框架。

马克思说："全部社会生活在本质上是实践的。凡是把理论引向神秘主义的神秘东西，都能在人的实践中以及对这个实践的理解中得到合理的解决。"① 合肥市蜀山区"品质课程"项目探索告诉我们：实践是课程文化价值实现的根本途径，是推进学校课程文化变革的关键力量。学校课程文化变革必须为行动提供充分的理据，从而使得行动趋于合理化，增强学校文化变革的认同感和一致性。在某种意义上，这也是一种文化自觉。

杨四耕

2021 年 2 月 5 日于上海市教育科学研究院

① 马克思恩格斯选集（第 1 卷）［M］. 中央编译局，译. 北京：人民出版社，1995.

目录

前　言　课程是多向度的对话 —— 1

第一章　自组织课程：价值与意义的耦合 —— 1

　　课程价值是恒定的，而课程的意义则是不确定的，生成的。二者相互影响，相互作用，相互助力。课程价值与课程意义的耦合，将促进课程价值的实现以及课程意义的增值。以自组织视角审视学科课程群的价值与意义，凸显了课程育人的原点思维，可以让我们更明晰课程建设的方向，实现立德树人的课程旨归。

　　第一节　纯美语文：步入语言的天籁之境 / 5
　　第二节　润美语文：让儿童温润美好而行 / 27

第二章　自组织课程：过程与结果的生长 —— 45

　　自组织课程的过程是连续的、有序的、整合的，结果是开放的、灵活的、生长的。课程结果指引着课程过程，课程过程和课程结果在自发中生长，互为正向反馈，在课程实施过程中相辅相成，不断更新，螺旋上升。自组织课程侧重于培养儿童自组织学习、自我管理、合作互惠学习的能力，逐步形成儿童自我设计、自我学习、自我提高和自我教育的能力，实现全面发展和可持续发展。

第一节　慧美语文：让美润泽每一个孩子的心灵 / 48

第二节　三味语文：让语文味在儿童心田留香 / 66

第三章　自组织课程：要素与内容的映射　　— 81

自组织产生的前提是系统的自主性，自组织系统通过与外界的不断交换，从而达到稳定的状态。自组织课程中要素与内容的设置以学生生长与发展的需求为出发点，将核心理念作为固着点，内部各要素通过自我演化、自主唤醒的方式呈现为立体纵深化的拓展与延伸，形成有序结构。以自组织为核心的后现代课程设置，可以让教师和学生更全面地参与到课程的创造、实施与完善过程中，让课程回归生活，让知识归于现实世界。

第一节　宽度语文：提供无限向上的力量 / 83

第二节　精彩语文：让生命成长精彩纷呈 / 109

第四章　自组织课程：生命与学习的整合　　— 121

教育是与每一个生命体和生命群体的交流，自组织建构下的新课程通过不断创造条件，鼓励孩子通过多种感官训练手段以合作、聊天、体验、实践、迁移等方式促成真正意义的学习，进而实现孩子成长的独立性、选择性、多变性与差异性，为语文学习注入活力，从而将单一课程的狭窄范围扩展到课程的深度整合，达到生命与学习的有效融合。

第一节　活力语文：让儿童语言充满活力 / 124
第二节　雅真语文：让每一抹翠色自然闪亮 / 139

第五章　自组织课程：方法与策略的统整　　— 153

自组织课程的方法是多样的、多元的，自组织课程的策略是自主的、个性的。二者相互转化，相互作用。课程方法与策略的整合，能有效促进课程的统整，减少课程的零散感，使课程更具结构属性。以自组织视角审视学科课程群的方法与策略，可以引导和强化这种自组织行为，培养儿童自主建构、合作探究的自组织能力，让课程充满灵动和活力，使儿童在学习过程中产生飞跃，最终提升儿童的自组织能力。

第一节　本真语文：让儿童生命焕发光彩 / 157
第二节　致真语文：让语文回归本真地带 / 172

第六章　自组织课程：基因与专业的审视　　— 187

自组织课程理论提出，课程不是封闭地传递、迁移，而是学生与学习环境、教师、教材之间开放性交互对话，转变原有经验的多元化自组织过程。教师既是课程的执行者，又是课程的建构者和实施者。构筑文化视野下的语文课程，唤醒学生的文化基因，教师在实践中提升自我的课程实践素养，实现文化基因和自组织课程的融合。

第一节　童真语文：让儿童心灵世界丰富多彩 / 190

第二节　诗意语文：为儿童铺垫精神底色 / 203

后　记　　　　　　　　　　　　　　　　　　　— **215**

前言 课程是多向度的对话

"自组织"是系统论研究中的一个重要概念，是系统按照相互认同的某种规则，各尽其责而又协调地自动形成有序结构，并根据环境变化自我调整的机制。一般来说，系统自组织功能越强，保持和产生新功能的能力也就越强。

运用"自组织"原理审视教育实践，不难发现儿童可以在不需要老师的情况下，独立自主地完成学习，他们的学习显示出充分的"自组织学习"特征。说白了，教育是一种自组织行为，学习是一种自组织活动。

在自组织视角下，现代课程存在的根基开始动摇，预定性思维方式已经滞后，后现代课程将人们的视野从封闭、简单、线性的世界拓展至开放、复杂、非线性的现实世界。课程不再是单向度的灌输和约束，更多的是复杂关系中的多向度对话，是多元化知识要素的有效整合，是多个价值链条的优化重组。

那么，语文课程在不同的价值链条中是如何实现多向度的对话呢？语文课程应激发和培育学生热爱祖国语文的思想情感，引导学生丰富语言知识，培养语感，发展思维，初步掌握学习语文的基本方法，养成良好的学习习惯，使其具有满足实际生活需要的识字写字能力、阅读能力、写作能力、口语交际能力。就当前小学语文课程改革而言，应主要从以下几个价值链条入手：1. 准确理解语文课程的性质、特点，正确处理工具性与人文性的关系；2. 全面提高学生的语文素养，正确处理学习语文与学习做人的关系；3. 强化"导学"功能，正确处理接受性学习与自主、合作、探究性学习的关系；4. 增强资源意识，正确处理好用教科书与开发、利用相关课程资源的关系。以上这些复杂价值链条的改革依然不能完全适应"大语文教学观"的要求，全面提升学生的语文素养还是无法真正落地。因此，我们尝试做小学语文学科课程群，是为了完善同一施教对象的认知结构，将小学语文专业或者跨小学语文专业中的知识、方法、技能等方面有逻辑联系的课程加以整合形成课程体系。

随着互联网信息化技术革命的深入推进，外部环境愈发变幻莫测，混沌模糊，如何在这种情况下找到课程的接触点与引爆点，并进行有效的能量、信息交换成为课程发展面临的重要问题。

外部环境催生内部环境要素，蜀山区小学语文学科课程建设始终顺应着教材的发展，教材教法的深入，让儿童站在教育活动的中心位置。每所学校都设计了体现学校特点的丰富的课程图谱，愿景是美好的，但是在实施的过程中，发现有"为课程而课程"的现象。如何才能让这样美好的愿景落地呢？

教育的外部环境、内部环境都呼唤我们对现有的小学语文学科课程群进行重建。自组织化解决了这一难题，并提供了新的途径和突破口。在杨四耕教授的指引下，我们用自组织课程理念指导小学语文学科课程群建设，这是一种新的视角。

本书的主体内容阐述了自组织课程建设的框架和步骤。通过系统阐述，分别从课程哲学、课程目标、结构内容、学习方式、方法策略、课程管理等方面，呈现自组织课程价值与意义的耦合，详细介绍自组织课程过程与结果的生长、要素与内容的映射、生命与学习的整合、方法与策略的统整以及基因与专业的审视等内容，为自组织课程的建构提供思路和方法。希望这样的建构能够让课程愿景得以落地，让教师的课程能量得以提升。

在自组织课程里，教师的课程能量在哪里？教师要有共同的愿景、目标，他们是分布式、多中心的课程主导者、组织者。在自组织状态下，课程呈现出去权威化、去中心化趋势，人人都可能成为中心。自组织课程的权威的来源，是分布式、多层次的。单一的自上而下的命令式权威转变为多元的、纵横交错的权威体系。在自组织课程里，没有明确的角色分工，有时是自动生成的，有时角色会发生转换，这样形成了自组织课程高度信任的授权体系。这里面，每位教师都是主动去负责，主动去追求协同。因为自组织课程是网状结构形态，所以任何一个变量或要素都有可能带来颠覆性的创新。信任授权是最大的压力，分享是最好的管控，在自组织课程里，教师具有自我变革与学习力。在这种网状的结构形态下，教师能够找到课程的引爆点，并把这种引爆点变成实实在在的课程创新，迸发课程能量使得课程从无序到有序，从单向到多向，进而提高教学效率，激发学生活力。

在自组织课程里，教师的教学更民主公平，公开透明，呈现出交互、互动、协同等特点。我们期待着课程改变，教师改变，学生改变，学校改变，教育改变……

第一章

课程价值是恒定的，而课程的意义则是不确定的，生成的。二者相互影响，相互作用，相互助力。课程价值与课程意义的耦合，将促进课程价值的实现以及课程意义的增值。以自组织视角审视学科课程群的价值与意义，凸显了课程育人的原点思维，可以让我们更明晰课程建设的方向，实现立德树人的课程旨归。

自组织课程：价值与意义的耦合

《义务教育语文课程标准（2011年版）》在"课程性质"中将语文课程表述为一门学习语言文字运用的综合性、实践性课程。[①] 这意味着小学语文课程不仅是人文课程，同时也是工具课程。[②] 基于这种学科价值观，我们希望学生在语文学习中不断实践、累积、总结、建构，从而培养在真实语境中的语言表达与运用、迁移与建构的能力，并形成一定的思维方式。由此来看，课程是一个持续不断的自组织过程，将课程体系从无序引向有序。学科教师在实践课程的过程中，也在力求将具有价值的学科理念，逐步规划成具体、可行的课程；学生因此拥有了自组织的能力，以及建设自己课程的权力。师生的这种创作性互动持续不断，新的"自组织课程"应然而生。

如果说，价值是课程哲学的核心，那么课程意义就是它呈现的结果。西园新村小学南校"纯美语文"，在课程自我创生的过程中，根据学生自我组织与自我成长的需求，定位课程内容与课程目标，精心优化课程结构，在涵盖各年级各个维度的学习目标的基础之上加强对学生各种语文能力的训练，在上下纵横的各类语文综合实践活动中注重各种语用技能的实践，让学生的能力和精神得到双重发展和成长。把学生的需求放在第一位，把学生的生活与教育实践融入课程目标，让自组织课程在实践中，逐步形成实践智慧。

合肥市安居苑小学"润美语文"以儿童的自我组织与自我成长为需求，立足课程的工具性，提出关注语用、建构语言、发展思维的课程价值；基于课程的人文性，提出审美与鉴赏、涵养品格的课程价值。五个方面在多向度交流中碰撞、融合、发展，形成自我组织和发展的张力，建构出"润美语文"丰富的模体和实践网络，促进儿童温润美好而行。

课程价值是恒定的，课程的意义则是不确定的，不断生成的。二者相互影响，相互作用，也相互助力。如果说课程的架构总体上遵循一种"耦合态下的自组织"原则，那么逻辑就拉通了。自组织体就是"点"，耦合是"线"。既然自组织的天然属性是无法被预先设计的，那么可以设计的就只有耦合态了。

---

① 中华人民共和国教育部. 义务教育语文课程标准（2011年版）［S］. 北京：北京师范大学出版社，2011：2.

② 李青，苑昌昊，李广. 小学语文课程性质研究：70年回顾与展望［J］. 现代教育管理，2020（07）：88—93.

一是理念耦合。随着课程改革的不断深入，课程的理念也不断更新，直接修改或构建新的课程架构，或者直接转入另一种课程模式时，就发生了内容耦合，那么我们课程的意义也就随之发生了变化。此时，课程价值与意义之间就发生了内容耦合。

二是多向耦合。现实建设课程的过程中，课程不仅仅是教师与学生的单向联系，也不仅仅是教材与学生、教材与教师之间的信息传递场域，而是教师、学生、教材及其编者、教学场域等协同合作、共同启发、相互促进的过程。我们要解决的许多问题是相互影响的，这就是多向度耦合。他们在多向度交流中互相碰撞、融合，从而促进课程价值的实现及课程意义的建构。

三是外部耦合。在自组织课程视角下，教师、学生、教材等仅是教学过程中信息多向度交流甚至交换的一个节点，当课程因一个简单变量受到推力时，课程变革的力量会更强大，进而形成磁场力，这会让语文学科课程群的发展方向更加明晰。

本章指向学科课程哲学，从课程价值的角度来阐述自组织课程理念与意义的耦合。让课程价值与意义的耦合，促进了课程价值的实现及课程意义的建构。总之，在自组织视角下审视课程群价值与意义的耦合，凸显了课程育人的生命力，让我们更明晰课程建设的方向，使课程的育人要素得以转化与应用，从而实现课程立德树人的旨归。①

在自组织课程视角下的课程建设，不是封闭传递和迁移可测量、标准化的学习终点，而是课程价值、语文要素、实施途径等因素相互联结，教师、学生、教材、编者等变量相互促进交融的过程。合肥市西园新村小学南校和安居苑小学根据课程价值定位课堂教学内容与课堂教学目标，将语文课程各要素进行组合，优化课程结构，使语文学科的育人要素得以转化与应用。

两校以促进儿童核心素养全面发展为基点，明确课程目标，优化课程结构，创生实施途径，建构课程意义，让学科价值、语文要素、课程架构、实施途径等置于丰富的语文学科实践中，在多向度交流中碰撞、融合，最终形成一个不断自我完善、优化的自组织系统。

---

① 孙凤霞. 小学语文课程统整：内涵、目标与设计思路 [J]. 课程. 教材. 教法，2020，（04）：96—101.

　　课程价值与意义的耦合，重在提升课程建设的品质，更迅速地推进课程实践进程，两所学校打破了现代语文课程的边界，让学生在精彩迭起的语文世界里，感受多彩富实的人文内涵，体会细腻深邃的思维方式，从而在丰富多彩的语文实践活动中成长，不断提升语文素养，形成更高水平的育人体系。我们的课程群只有具有更开阔的视野、更宏大的格局，才能达到更高的境界。①

_____

① 成尚荣. 地方课程的发展检视与时代再建构 ［J］. 课程. 教材. 教法，2020，40（04）：4—9.

第一节

纯美语文：步入语言的天籁之境

地处合肥市蜀山政务区天鹅湖畔的合肥市西园新村小学南校，目前分为南校和嘉和苑两个校区，两校语文教研组目前共有教师80人，其中女教师77人，男教师3人。师资队伍优良，本专业教师具有较强的学科素养，国家级模范教师1人，市级教坛新星1人，市级学科带头人2人，市级、区级骨干教师11人，市级优秀教师1人。潜蕴深厚学科文化，厚积丰富学科资源，我校语文学科迸发出蓬勃生机与活力。我们依据《教育部关于深化课程改革，落实立德树人根本任务的意见》《义务教育语文课程标准（2011年版）》等要求，推进我校"纯美语文"学科课程建设，取得了满意的成果。

第一部分　学科课程哲学

一、学科性质观

《义务教育语文课程标准（2011年版）中明确指出："语文课程是一门学习语言文字运用的综合性、实践性课程。义务教育阶段的语文课程，应使学生初步学会运用祖国语言文字进行交流沟通，吸收古今中外优秀文化，提高思想文化修养，促进自身精神成长。工具性与人文性的统一，是语文课程的基本特点。"① 其中语文课程的工具性和人文性是相辅相成、互为统一

---

① 中华人民共和国教育部. 义务教育语文课程标准（2011版）［S］. 北京：北京师范大学出版社，2011：2.

的。学生通过语言进行思考，然后表达情感，与人交流。而语文又不是单单的语言文字，它有着历史流传下来的厚重积淀，使学生在潜移默化中受到熏陶，茁壮成长。二者有机融合，才能使语文课程散发出独特的芬芳和迷人的魅力。

我们认为，语文课程需要学生主动积极地在实践中不断学习和架构，累积与总结，由此，来不断地塑造学生在实际情境中的言语表达、运用能力和相应的品质；在平时学习中，学生能真实有效地收获成长，锻炼语言能力和形成思维方式。基于这种认识，我们希望构建开放包容的、充满生机的语文校本课程体系，让学生们更加活跃、积极地用语文、练语文，丰富他们的语文积累，促进他们的精神成长。

语文学科课程意在通过教导学生学习语言引领学生智慧成长，培养学生语文素养。据此，我校设定了语文课程的学科价值观：体验实践，步入语言的天籁之境。

二、学科课程理念

依据新课标精神，再联系到我校语文学科的具体情况，我校将语文学科的核心概念定为"纯美语文"。通过不断地进行教学实践，我们发现，要打造纯美的语文课堂，不但要注重加强孩子对基础知识的理解与掌握，也要重视孩子学习的积极性、主动性，激发孩子迸发生命之纯美。语文的教学不能仅仅局限在平时的语文课堂中授业解惑，而应该秉承着成才与育人的理念来展开教学活动，赋予学生更广阔的天地和源源不竭的动力。

我们的课程建设原则为，让学生在精彩迭起的语文世界里，感受多彩富实的人文内涵，体会细腻深邃的思维，在多彩绚烂的语文实践活动中成长，在开放而充满活力的语文课堂中，不断提升语文素养，发展个性，健全人格。打造纯美语文课程，铺就生命成长之路。

基于此，我们提出以"纯美语文"为核心的语文学科课程理念：在感受、体验、实践中，纯正心性，步入语言的天籁之境。用语文学科的特性营造浓浓的成长氛围，让孩子从小就在美好的氛围中成长。所谓"纯美语文"，具体而言有四点含义：

第一，"纯美语文"，是"纯"在自我、"美"在个性的课程。追求为学生创设轻松、有趣、平等、和谐的学习氛围，让其学习如何运用语言，让学生在语文学习中自由地、充分地展示自我，获得数种思考能力。让学生认识到彰显优势的独特姿态就是"纯美"姿态。充分尊重每一个个体生命的智慧成长。

第二，"纯美语文"，是"纯"在基础、"美"在能力的课程。讲求紧抓学生基础的同时，也着眼于其语文能力的整体提升。基础和能力并驾齐驱，双向前进，从而为学生夯实根基，健全学生的审美意识、审美情趣。

第三，"纯美语文"，是"纯"在心灵、"美"在品行的课程。讲求心灵的纯洁无瑕，品行的善美质朴。首先是继承和弘扬中华优秀文化，让学生深植心中；其次是拓宽学生的文化视野，提高其文化自觉，培养品行纯良的学生，让善良在其内心发芽，让美行在现实绽放，鼓励他们在日常生活中，也不断感知、内化语文学习中的"纯"与"美"。

第四，"纯美语文"，是"纯"在理想、"美"在情怀的课程。追求涵养人文底蕴，在学习实践中，师生共同成长，所谓润物无声，滋养大家。

第二部分　学科课程目标

一、学科课程总体目标

《义务教育语文课程标准（2011年版）》指出："语文课程致力于培养学生的语言文字运用能力，提升学生的综合素养，为学好其他课程打下基础；为学生形成正确的世界观、人生观、价值观，形成良好个性和健全人格打下基础；为学生的全面发展和终身发展打下基础。语文课程对继承和弘扬中华民族优秀文化传统和革命传统，增强民族文化认同感，增强民族凝聚力和创造力，具有不可替代的优势。"[①]

学科课程标准是课程实施的准绳，更是学生学业评价的标尺。我们基于语文课程标准的要求，以学生在学习过程中的新发现、新需求、新突破为学习活动目标指向。据此，我们将纯美语文学科课程总目标设置如下：

[①] 中华人民共和国教育部. 义务教育语文课程标准（2011年版）[S]. 北京：北京师范大学出版社，2011：1.

1. 学生通过认识源远流长、繁衍不断的中华文化，达到对祖国语言文化的认同和内化，从而达到真、纯、善、美的和谐一致。

2. 学生掌握汉语拼音，学说普通话，认识并掌握 3500 个左右常用汉字，书写汉字有样有度，掌握阅读、写作、口语交际的基本方法，并能熟练运用。

3. 愿意读书、热爱读书，涉略博大精深的语言文学，让孩子在实践、对话、互动、合作、体验中获得直接经验，生发真实情感，丰富独特体验，锻炼语文能力。

4. 立足于语文教学，呈现完整、真实的世界图景，通过阅读、写作、口语交际、综合性学习让孩子们与现实世界产生联结，并在这一过程中培养他们人际沟通、社会交往、搜集处理信息的能力。

5. 重视个性培养。为每一个孩子的成长提供合适的土壤，让每一朵花绽放出独特的美丽。营造以学生为主体，张扬学生个性的学习模式，注重鼓励学生自主阅读、个性表达，让孩子在语文学习中彰显个性，勇于表达自我。不随波逐流，而是展现自己的独特魅力；不平淡无奇，而是拥有自己的独特标识。

二、学科课程年段目标

语文学科从 2019 年 9 月开始，普遍推行部编版语文教材。趁新教材推行之际，学校将"纯美语文"学科课程单元目标进行了细致分解。在明确学科总体目标和年段目标后，制定了学科单元目标。这里以一年级下册为例说明单元课程目标的设计（见表 1-1-1）。

表 1-1-1　"纯美语文"一年级下册单元课程目标表

单元	课 程 目 标
第一单元	共同目标： 1. 认识51个生字和8个偏旁，会写28个字和2个笔画。了解形声字的构字规律，感受形声字音、形、义之间的联系。利用已有的生活经验及插图、字谜、形声字规律等识字。 2. 了解形声字，体会形声字的构字特点。正确、流利、有节奏地朗读词串、儿歌，背诵《姓氏歌》。 3. 理解课文内容，认识表示一年四季的季节名词，了解常见的姓氏，初步认识字谜这种文字现象。

单元	课 程 目 标
	4. 感受大自然四季的美好，培养保护环境的意识，了解传统姓氏文化，激发对中华传统文化的喜爱之情。 5. 认识 25 个字母，读准音，区分形。 校本目标： 全包围结构的字"先外后内再封口"的笔顺书写规则，在田字格中正确书写。学写由两个短句子组成的长句子。能认真听故事，听明白故事内容。诵读积累描写春天的词语。
第二 单元	共同目标： 1. 认识 57 个生字和 6 个偏旁，读准 1 个多音字；会写 27 个字和 3 个笔画。 2. 复习巩固《字母表》，能将大小写字母一一对应。 3. 通过给独体字"日""寸"加上部件组成新字的练习，巩固已学生字。 4. 正确朗读课文，读准字音，能读好带有感叹号的句子。 5. 读课文，感受儿童的美好愿望，了解革命传统故事，激发对革命领袖的敬爱之情。 校本目标： 能提取核心信息，乐于和小伙伴交流阅读感受。学写两句话。学习如何帮助同学和得到帮助时该怎么做。
第三 单元	共同目标： 1. 认识 33 个生字、 3 个偏旁和 4 个多音字，会写 20 个字。积累意思相对的词语和表示游戏活动的词语。 2. 正确、流利地朗读课文，读好"不"的变调。 3. 学习正确使用字典的方法，学会用音序查字法查字典。 4. 朗读积累古诗《春晓》，借助拼音正确朗读古诗《赠汪伦》，大致了解古诗的意思；背诵古诗。 5. 读好对话，读出不同角色说话的语气；朗读儿童诗，初步体会诗歌的情趣，读出自己的感受。 校本目标： 仿照课文中的句子，写两句话。基于自己遇到困难时可以寻求别人的帮助，能大致讲清楚自己的要求，学会在不同情境下使用合适的礼貌用语。学习独立识字，养成在学习中勤查字典的习惯。
第四 单元	共同目标： 1. 认识 46 个生字、 4 个偏旁，会写 28 个字。归类识记带有"月"字旁的字。学写"主、门、书、我" 4 个带有点的字，了解"点的位置不同，书写先后也不同"的笔顺特点。 2. 正确流利地朗读课文，读好长句子及问句，注意停顿，读懂句、字所表达的意思。 3. 朗读《静夜思》并背诵积累。借助拼音，正确朗读古诗《寻隐者不遇》，并背诵积累。初步感受端午节的传统文化，体会浓浓的亲情。 4. 学习仿写简单的儿童诗。 校本目标： 讨论"犯了错误该怎么办"；归类积累"×来×去"，尝试说这样的词语。积累与身体部位有关的词、轻声的词语。

续　表

单元	课程目标
第五单元	共同目标： 1. 认识65个生字和1个偏旁，会写28个字。继续了解形声字的构字规律，并学习运用这一规律自主识字，感受形声字音、形、义之间的关系。 2. 能在语境中辨析形近字和同音字。运用音序查字法查生字，查字典有一定速度。 3. 正确、流利地朗读课文；学习用不同的节奏诵读儿歌、对子等不同形式的韵语；背诵《古对今》和《人之初》。 4. 了解身边小动物的习性和四季气候、景物的变化，保持探索自然的好奇心。 校本目标： 学习写两句对话。知道打电话的一般步骤，初步学会在独立打电话和接电话打电话时，能用上礼貌用语，把话说清楚，听电话时，能听清楚主要内容。积累歇后语，了解歇后语的特点。
第六单元	共同目标： 1. 认识45个生字和1个偏旁，读准1个多音字，会写21个生字。通过认识食品包装识字，并乐于与同学分享。 2. 能正确朗读课文，读准字音，读好带"呢、呀、吧"的问句和感叹句。能读出古诗的节奏和儿童诗的韵味；能分角色读好文中的对话；尝试依据课文句式相近、段落反复的结构特点背诵课文。 3. 学习写带问号和感叹号的句子。 校本目标： 谈谈"天气和生活"。正确使用逗号、句号、问号、感叹号，正确抄写句子。朗读积累气象谚语。
第七单元	共同目标： 1. 认识59个生字和2个偏旁，会写27个生字。掌握半包围结构字的书写笔顺规则。掌握"加一加、减一减"的识字方法。学习分辨形近字。学习左上包围和右上包围的字"先外后内"的笔顺书写规则，并能在田字格中正确书写。 2. 继续学习正确、流利地朗读课文，分角色朗读课文，读好对话。 3. 借助插图、故事情节反复的特点读好长课文。 4. 能根据课文信息进行简单推断；借助文本情节，了解告知一件事情时，需要说清楚时间、地点等要素；能根据问题提取、整合信息，推断事情的原因、结果。 5. 在交际互动中初步学习有序表达。 校本目标： 学习仿写故事中的一段情节。在活动情境中明白游戏规则。初步养成乐于交往、友善待人的交往意识和行为习惯。运用组词的方法继续积累词语。朗读积累关于学习的名言。
第八单元	共同目标： 1. 认识45个生字和3个偏旁，会写21个生字；能借助图画、形声字特点、生活经验去猜字、识字；继续巩固半包围结构字的书写笔顺规则。发现反犬旁、鸟字边、虫字旁所代表的含义，复习巩固形声字偏旁表意的规律。 2. 正确、流利地朗读课文；体验角色读好对话，学习读出祈使句的语气。 3. 借助连环画理解课文内容，说说故事的主要情节。 校本目标： 能带着问题边读课文边思考，继续训练根据信息进行简要推断的阅读能力。学习观察四幅连环画，写几句话。讨论"自己如何去买东西"。

语文课程目标是根据知识和能力、过程和方法、情感态度和价值观三个维度设计的。三个方面相互渗透，融为一体，注重加强学生语文素养的整体提高。各个学段相互联系，螺旋上升，最终全面达成总目标。

第三部分　学科课程框架

我校语文课程基于"纯正心性，步入语言的天籁之境"的语文课程理念，面向每一位孩子，设置琳琅满目、不同层级的课程内容，满足各年龄段学生的需求，充分挖掘学生学习潜力，激发学生学习热情，为学生预留出个性化发展的道路。基于学科特点，深入剖析学科课程标准，我们形成了"纯美语文"的学科课程框架。

一、学科课程结构

根据《义务教育语文课程标准（2011 年版）》的要求，关注小学语文学科核心素养，立足"纯美语文"的学科构想，结合学生发展特点，从认字、写字、阅读、交流、表达五个发展维度，按年级分阶段设计了"纯真、纯享、纯雅、纯睿、纯美"五个群组，共七十八门课程。（见图 1 - 1 - 1）

图 1 - 1 - 1　"纯美语文"课程框架图

1. "纯真识字"包含娃娃识字馆、词串大爆炸、成语嘉年华、书香墨韵园、汉字研究院、书法艺术馆等十二门课程。

2. "纯享阅读"分为趣读绘本、乐享故事、情感悦读、爱我山河、博览世界、编织未来六门课程，引导学生建立正确的价值观，在阅读的过程中生发热爱祖国语言文化的情感。

3. "纯雅写作"包含绘写语句、智趣句群、精彩序段、善思乐写、思维写作、文体写作等十二门课程。"纯雅写作"除了培养学生乐于分享的习惯外，还非常重视思维方式在写作中的重要作用，鼓励学生在分享交流之余，锻炼自己的观察和思考能力，让写作成为他们生命中一件非常快乐的事情。

4. "纯睿口语"包含你说我写、言之有礼、生活表达、名人妙语、能言善辩、法庭实践等十二门课程。"纯睿口语"要创设民主和谐的交际氛围，贴近现实生活的对话情境，激发学生互动交流的动机，在口语练习中发展学生倾听、表达、转述、交谈的能力。

5. "纯美综合"是指为提高学生个性体验与感受，体现当地文化特色而开设的十八门课程。"纯美徽韵之旅"为弘扬本土徽文化为主旨的课程；"纯美语文节"为每年固定的校园节日，全校各年级共同参与。课程通过开展综合性实践活动，让学生感受徽州文化的古典韵味，体会当地风土人情，了解地域文化的独特魅力，在游览的过程中得到情感与价值观的升华。

二、学科课程设置

课程是基于网状的丰富的知识结构设置的。除基础类课程外，学校结合自身特点，开发了适合学生发展的拓展类课程，根据各年段学生的年龄和认知发展特点，有针对性地设置了不同的主题。这样有利于培养学生综合语文素养，实现学生学习兴趣与学习能力的双赢，令纯美语文课程得到拓展和延伸（见表1-1-2）。

在课程活动的设置方面，纯美语文课程不再局限于系统化的单一学科知识，而是非常重视对学生阅读积累、口语及书面表达等语文综合能力的培养。在活动中，师生共同参与，平等交往，通过对话、交流、合作等方式交互影响，最终达成目标，实现价值。

表 1-1-2　合肥市西园新村小学南校语文学科课程设置表

学年（学期）＼课程类别	纯真识写	纯享阅读		纯雅写作	纯睿口语	纯美综合	
一年级 上学期	娃娃拼音馆	趣读绘本	必背古诗词	绘写语句	你说我写	我爱我家	颂美吟诵节
一年级 下学期	娃娃识字馆	绘本展示	吟唱古诗词	语绘校园	创编童谣	趣味姓氏	
二年级 上学期	书艺秀笔画	乐享故事	启迪诵古韵	智趣句群	言之有礼	蜀山寻美	纯真汉字节
二年级 下学期	造字巧探秘	奇趣童话	乡村人家篇	看图妙语	言之有物	乡音乡语	
三年级 上学期	词语大爆炸	成长寓言	草木性情篇	精彩序段	生活表达	走遍合肥	纯享阅读节
三年级 下学期	成语嘉年华	情感悦读	读书得法篇	追梦工厂	名人妙语	美味徽州	
四年级 上学期	书香墨韵园	爱我山河	智慧少年篇	善思乐写	难忘历史	领略徽韵	纯雅写作节
四年级 下学期	繁简探究站	走进神话	神话传说篇	手写我心	最美家书	名人寻踪	
五年级 上学期	汉字研究院	博览世界	明礼诚信篇	思维写作	能言善辩	探寻徽梦	纯睿体验节
五年级 下学期	字理导学馆	梁山英雄	博采励志篇	创编诗歌	动情表达	诗词戏剧	
六年级 上学期	书法艺术馆	共赏三国	爱国治国篇	文体写作	理性讲述	放眼世界	纯美献艺节
六年级 下学期	书艺修养秀	编织未来	聆听诸子篇	汇编成集	法庭实践	畅想徽州	

第四部分　学科课程实施与评价

语文学科课程资源丰富，"纯美语文"课程有意识地从培养学生的学科素养和学科能力入手，充分利用多彩的学科课程资源，多途径、多方位地给学生创造更好的学习空间和教育资源。让课程内容与学生自身、与社会发展紧密联系，用心打造一张充满魅力的语文学习的起飞板，扎实推进课程实施。主要实施途径有"纯美课堂""纯美学习""纯美社团""纯美研学""纯美语文节"。

一、构建"纯美课堂"，推进学科课程实施

真正的语文学习，除了语言和文化的学习，还有思想教育，要传承传统文化。这就进一步对语文课堂提出了新的要求，除了让学生掌握基本的学科

知识，还要注重对学生综合素养的培养。学校结合各学科实际情况，创建了我们的"纯美课堂"。

（一）"纯美课堂"的内涵

"纯美课堂"是追求本真、纯正心性、互动成长、不懈探究的课堂。

1. 纯美课堂是追求本真的课堂。"本真的课堂"是真实的课堂，注重学生良好学习习惯和学习品质的培养，让学生拥有主动探究、勤奋好学、善于质疑的学习品质，追求学生真实、真正的发展。它强调回归教学本真，追寻语文课堂教学的本来面目，创造一个真实有效、简洁美好的课堂。

2. 纯美课堂是纯正心性的课堂。"纯美课堂"是校内课堂、教材知识的延伸、拓展与升华，具有浓厚的文化气息，力求回归课堂文化的本性，使教育更符合人的发展，更有成效。

3. 纯美课堂是互动成长的课堂。在学习的互动环节中，学生通过自主探究、与他人的互动或者其他资讯中获取知识，而不仅仅是通过书本这唯一渠道，这有利于促进学生全面发展，锻炼学生合作、探究、语言表达等综合能力。

4. 纯美课堂是不懈探究的课堂。纯美课堂所传达的"力量、美妙、逻辑于一体"的思想，就是要让学生们习得智慧、培养能力、不断探究，在思考中畅所欲言，在和谐中平等交流，让课堂真正成为孩子们的学堂。

（二）"纯美课堂"的实施路径

1. 制定"纯美课堂"的教学标准。依据《义务教育语文课程标准（2011年版）》，按照"纯美语文"学科课程目标，基于本校学生的实际情况，制定纯美课堂的实施纲要，形成标准一致的纯美课堂的教学标准。

2. 建构"纯美课堂"的教学模式。"纯美课堂"要立足教育之本，以学生为课堂的中心，让他们带着问题进课堂，生成问题并及时探究，解决问题并及时总结，让老师成为课堂的引导者，而不仅仅只是传授者。纯美课堂，致力于打造一个充满活力的新型语文教学课堂。

3. 打造纯美语文课程文化。语文学科在传承和发扬中华民族优秀文化中有着举足轻重的作用。纯美课堂倡导将这一理念融入学生的学习和生活，并将其落实到每一个教育教学环节中，注重构建校本课程文化的全面性。

4. 举办纯美课堂大赛。每学年举办一次"纯美语文"课堂评比大赛。全校 45 岁以下语文教师必须参赛，现场录制优秀课例，由学校推荐参加区、市、国家级各类比赛。

（三）"纯美课堂"的评价标准

结合"纯美课堂"的实践和操作，可以判断优秀课程要具备目标意识、统整引领活动体验、高效实施、自主发展、体现魅力等特点。

1. "纯美课堂"需要具有目标意识。语文课程要体现工具性和人文性的统一。"纯美课堂"是迈向素质教育的一个重要体现。"纯美课堂"要以学生为课堂中心，要在培养学生综合素养上下大力气，并随时关注学生在语言积累和训练方面的学习，培养其实际运用能力。

2. "纯美课堂"充分尊重学生的活动体验，打造高效课堂。"纯美课堂"的教学过程中，可联系学生的学习和生活体验、针对学生期望的真实体验设计活动，在课程教学中调动学生已有的经验，提高学习语文的兴趣，从而提升语文素养。

3. "纯美课堂"提倡学生自主创新发展。学生自主学习时，教师需要持续关注，并给予学生不断进步的动力。在教学过程中出现的问题，师生要及时进行总结交流。这样可以提高教师教学预测和分析能力、对课堂的应变能力和对教学的评价能力，从而提高自己的教学水平。

4. "纯美课堂"提倡学习科学高效。适当的课堂教学方法和有效的激励措施，将有利于在课堂上激发学生的学习兴趣，从而取得良好的教学效果。

5. "纯美课堂"重视评价规范全面。要求做到多元、全面。课堂教学评价不仅要注重教师的教学过程以及教学方法，更要充分注重学生的课堂行为表现，在及时关注学生的基础上，通过多元互动的方式进行全面评价。（见表1-1-3）

表1-1-3 "纯美课堂"评价表

指标	评价项目	评价指标	得分
追求本真	纯美课堂目标（25分）	1. 课程目标要具体，可操作性强，符合学生的实际情况。 2. 体现三维教学目标：情感态度与价值观、过程与方法、知识与能力。 3. 教学目标体现在教学活动的各个环节与教学内容上。	

指标	评价项目	评价指标	得分
纯正心性	纯美课堂内容（25分）	1. 教学内容科学、准确、综合性强，个体与整体关系统一协调。 2. 教学内容具有条理性，突出重点，遵循学科学习的规律与特点。 3. 教学内容与生活实际要密切联系，注重培养学生的实践能力。	
互动成长	纯美课堂过程（25分）	1. 课堂中师生关系民主、平等，相互认真倾听，乐于分享，积极合作。 2. 教与学关系和谐，以学生作为课堂的主体地位，充分调动学生学习的积极性。 3. 采用多种师生对话与交流形式，激发学生学习兴趣，关注参与的广度与深度。	
不懈探究	纯美课堂效果（25分）	1. 在师生的合作之中，高效达成三维教学目标。 2. 教与学关系和谐，学生乐于分享交流，主动参与课堂。 3. 在课堂中学生认真观察，善于倾听，积极思考，不断反思，能够在生活实际中运用所学知识。	
点评要点			

二、开展"纯美学习"，营造语文学习浓厚氛围

"纯美学习"是从儿童身心发展规律、儿童认知特点出发，以生命成长发展为根本，让学习回归儿童生活，致力于实现学生乐学与教师乐教的统一，把学习过程变成师生共享生命成长的快乐纯美课程。在纯美学习中，学生在轻松和谐的课堂中，习得语文学科知识，收获向上向善的情感体验和心灵升华，促进能力和精神的双重发展与成长。

（一）"纯美学习"的推进方式

为了让学生在学校随时浸润在语文学习的氛围中，我校语文学科开发了形式多样的纯美语文学习活动。

1. 开设专题讲座。充分利用本地资源，邀请当地的作家、专家给学生开设专题讲座。

2. 举办教师网络平台讲座活动。鼓励学校语文学科优秀教师参与活动、开设讲座，用教师切身的经历激发学生的文学兴趣和内在追求。

3. 开设"小文学家"论坛。让优秀文学少年有交流的平台，鼓励引导学生开展合作交流，举办各类以文会友的展示活动。

4. 举办讲故事比赛、演讲比赛、辩论赛。在各学段开展各类主题鲜明、形式多样的班级、年级活动，以培养和发展学生敢于言说、善于倾听的口语交际能力。

5. 采用小学生喜闻乐见的班级读书会、诵读比赛、舞台剧、课本剧等灵活多样的活动形式，让学生在表演与诵读中深度体验语文的魅力。

6. 举办读书征文活动及现场作文比赛。分年段定期举行优秀主题作文评选活动，颁发"小小作家"奖，或在假期内，自由撰写论文，班级初评后，推荐给学校。学校根据比赛成绩确定"小文学家"奖和"小文学家"提名奖。鼓励优秀作文积极投稿进行发表。

7. 举办学校书写大赛。具体分为低段的铅笔字比赛、中段的钢笔字比赛、高段的毛笔字比赛。学校根据比赛成绩，设置"小书法家"奖和"小书法家"提名奖。优秀作品在学校设展板进行展出。

8. 举办微信公众号推文大赛。在校园内开展以"我和书的故事""我与学校"等内容为主题的作文大赛，分学段组织活动，鼓励引导学生学会观察、描写自己以及身边的人和事，优秀作文将获得公众号优先推广的奖励。

（二）"纯美阅读"特色活动

课标指出"阅读是学生的个性化行为"。阅读教学要从课内和课外两方面不断创设各种特色阅读活动，为学生提供阅读交流与分享的平台，要让学生在逐字逐行的阅读中细细理解，在主动积极的思考中有所感悟，在反复的阅读中享受审美乐趣，受到情感熏陶，提高阅读质量与品味，扩大阅读面与阅读量，最大限度地让孩子们感受阅读的乐趣。

在我校"纯美语文"课程中，阅读类课程最显特色，它包含有日日阅读活动，具体为早晨的纯美晨读，中午的纯美静读，晚间家中的纯美亲子读；群体分享活动，分为每月一次的班级读书分享会，每学期一次的学校阅读大会、诗歌朗诵大会，每学期必有的读书征文活动，不定期在学校公众号推出的"天鹅夜读"栏目。该课程设置细致入微，指导学生体验阅读的快乐，感受语文的魅力。

另外，学校根据各个年级学生的年龄层次的特点和现有的知识储备量，给他们推荐不同的阅读书目，并整合归纳出不同年级的分层阅读推荐书单，让学生有目标、有选择地阅读优秀书目，让每个年段的孩子都能真正体验到阅读的乐趣，由"老师带着读""家长陪着读"转为学生自己"我想读""我要读"。以此提升学生人文修养，增加文化内涵。

（三）"纯美学习"活动评价方式

活动表现评价是一种注重过程的评价方式。学校通过举办讲故事比赛、书法比赛、征文比赛、古诗词大会等活动，引导学生完成一系列任务，在此过程中对学生的参与态度、参与方式和参与成果进行评价，通过观察学生在活动中各方面的表现进行有效的评价。（见表1-1-4）

表1-1-4 "纯美学习"评价表

评价维度	评价要点	自评	互评	师评
参与活动的态度	1. 态度端正，愿意参与每一次活动。			
	2. 愿意承担任务，并努力完成。			
	3. 有意识地保存和整理资料。			
	4. 主动提出自己的设想。			
	5. 善于合作交流，懂得尊重他人。			
活动中获得的体验	1. 勤于思考，主动探究。			
	2. 热爱祖国，有民族责任感。			
	3. 能对自己进行"反思"。			
	4. 尊重他人，善于听取不同意见。			
	5. 遇到困难，不轻言放弃，敢于挑战，积极想办法应对。			
活动中掌握的学习方法	1. 获得信息的渠道多种多样。			
	2. 研究与解决问题时能采用至少两种方法。			
	3. 解决问题时能够联系已有的生活经验。			
活动中发展的实践能力	1. 保持浓厚的求知欲与好奇心，渴望获得知识。			
	2. 解决问题时能够独立思考，主动探究，多渠道寻求解决问题的方法。			
	3. 在实践中，发挥所长，尽情展示自己的才华。			
活动后的体会	自己的总体评价			

因此，"纯美学习"评价表关注的是学生在完成一系列任务时的学习过程，这是个不断变化的过程。在此过程中，关注学生的参与态度、获得的体验、掌握的方法、发展的实践能力以及活动后的体会。通过评价表，全面了解学生参与纯美活动的表现。

三、建立"纯美社团"，落实兴趣爱好课程

为传承我校丰厚的文化底蕴，丰富广大学生的课余生活，提高学生的语文素养，营造健康、高雅、多彩的校园文化。我校创设"纯美社团"，尊重学生自己的兴趣、爱好，在学生自己的需求下，开展多种形式的语文学习拓展活动，让学生将所学用于实践，提升学生综合素养。

（一）"纯美社团"的主要类型

社团活动的开展，延伸了学校的课堂教育。它不仅充分展现了学生的个性风采，锻炼学生的管理能力，还有利于培养学生综合素养，是学校精神建设的有力抓手。我们语文学科就以社团为途径，丰盈学生的精神世界，拓宽他们的知识领域，培养有理想有情怀的西小少年。

1. 建立"纯美文学社"。让学生在文学社团中享受语文学习的快乐。文学社的建立，能够激发学生研究文学的兴趣，吸引文学爱好者积极参与，培养优秀的文学人才。文学社是广大师生阅读写作、文学探究的摇篮。

2. 建立"纯享阅读社"。学校还建立了"纯享阅读社"，积极开展各类阅读学习活动，为学生的阅读交流和分享搭建更广阔的平台。

3. 建立"纯美睿辩社"。培养学生思维、口语表达、搜集与分析资料等综合能力，开阔学生思维，让学生勇于表达自我，追求真理。在此同时，团队之间的默契、团结协作能力也得到了大大提升。

4. 建立"纯趣剧本社"。旨在提高学生的语言与肢体表达能力、丰富的想象力，促进学生全面发展。让学生在课本剧表演中开拓视野，挖掘自己的内心世界，增加艺术修养。

提升社团的综合品质，是我们"纯美社团"文化发展的根本方向。我们将以"觅真、睿纯、博善、拓美"为社训，继续打造有实力、有信仰的新型社团。

（二）"纯美社团"的评价要求

为了规范"纯美社团"活动，加强对社团的管理与指导，促进健康发展，学校还制订了社团活动评价表（见表1-1-5）以及社团活动学生评价表（见表1-1-6）。从多方面对社团活动进行指导。

表1-1-5   "纯美社团"活动评价表

评价目标	目标描述	评价结果
纯美理念体现觅真	正确掌握课程的基本理念，坚持全面发展的纯美教育，体现多元能力、学科素质的和谐共融。（25分）	
纯美活动目标睿纯	确定适合学生特点的课程目标，目标明确，切实可行，符合学生实际。（25分）	
纯美活动指导博善	关注学情，根据学生需求，活动形式灵活多样，符合学生特点。（25分）	
纯美活动组织拓美	教学内容生动有趣，符合学生身心发展规律，符合课程标准，各环节内容衔接自然，清晰合理。（25分）	

"纯美社团"活动评价表立足"纯美课堂"的内涵，在课堂之外继续坚持贯彻追求本真、纯正心性、互动成长、不懈探究的教育内涵。从"觅真""睿纯""博善""拓美"四个角度来综合评价纯美社团活动，力求创造一批真实有效、简洁美好的社团活动，使社团活动更符合学生的发展。

表1-1-6   "纯美社团"活动学生评价表

评价项目	评价标准	评价结果			
		个人评	同学评	教师评	总评
情感态度	1. 参与活动的出勤率 2. 提出活动的设想、建议 3. 克服困难和挫折				
合作交流	1. 帮助同学 2. 倾听同学的意见 3. 对班级和小组的学习有贡献				
实践能力	1. 会用多种方法搜集、处理信息 2. 动脑、动口、动手参与 3. 会与别人交流 4. 学习、研究方法多样				

评价项目	评价标准	评价结果			
		个人评	同学评	教师评	总评
成果展示	1. 活动过程记录 2. 演示、汇报 3. 成果有创意				
点评要点					

注：评价结果分 A、B、C、D 四个等级。A 表示优秀；B 表示较好；C 表示一般；D 表示尚好。

纯美社团活动学生评价表为了打造出以学生为主体、张扬学生个性的学习模式，从"情感态度""合作交流""实践能力""成果展示"四个方面来对"纯美社团"活动进行评价，使每一个孩子的成长能够获得合适的土壤，每一朵花都能绽放出独特的美丽。

四、开展"纯美研学"，激发学生热爱家乡情感

纯美语文课程群中，学校还设置了"纯美徽韵之旅"的综合性探究学习活动。活动按年段分为：我爱我家、蜀山寻美、走遍合肥、领略徽韵、中国梦·安徽梦、放眼世界。

（一）"纯美研学"课程实施与操作

让学生们亲身参加许多亲近自然历史与社会变迁的研学活动，从一入学了解自己的家乡开始，到热爱自己的家乡，最后是想要建设更美好的家乡。这一系列的主题实践研学活动，特别注重互动体验，充分利用校内外课程资源，完美体现了纯美语文的人文性与包容性。（见表 1-1-7）

表 1-1-7　"纯美研学"课程设置表

年级	主题	学习任务
一年级	我爱我家	听一听家人讲述家族的故事，找一找关于家族和社区的老照片，了解家族与社区的变化，等等。画一画、拍一拍校园"最美的一角"，制作"我眼中的校园"手抄报，记录学校开展的各种活动，采访一位学校老师，为学校写一句祝福语，等等。

年级	主题	学习任务
二年级	蜀山寻美	了解蜀山区的地理位置和历史，游览大蜀山，拍摄并记录蜀山的四时之美，游览植物园、动物园等等，充分了解蜀山区的自然人文之美。
三年级	走遍合肥	到合肥科技馆、博物馆、三国遗址公园、李鸿章故居、李铭传故居、包公祠等名胜古迹，了解合肥的前世今生，写一写自己的感想，等等。
四年级	领略徽韵	到安徽博物馆、地质博物馆、徽园、安徽名人馆、三河古镇等地了解安徽的历史发展。游览安徽自然风光，学唱一首黄梅戏，说一说安徽最具特色的美食，制作一份安徽旅游攻略，等等。
五年级	中国梦·安徽梦	游览祖国的大好河山，写一写游记；观看《建国大业》《厉害了，我的国》《国庆大阅兵》等影片，写一写观后感，学习"中国梦"的核心内涵，谈一谈如何为实现中国梦而奉献自己的一份力量，等等。
六年级	放眼世界	开展"海纳百川，国际研学"活动，带领学生游览美国、加拿大、英国等地，与国外中小学生进行沟通交流，领略各国风土人情，加强国际区域文化交流，推动学生展望未来。

　　"纯美研学"课程设置让研学旅行与课本上的知识进行链接，让书本上的知识充满了"烟火气"。课程设置分年级逐级拓展，由"我爱我家""蜀山寻美""走遍合肥""领略徽韵""中国梦·安徽梦""放眼世界"六部分组成。在旅行的过程中，学生们可以追寻古人的足迹，寻访历史文化的遗踪，这拓宽了学生的视野，进而使其感悟纯美文化。

　　（二）"纯美研学"课程评价

　　研学旅行课程主要从内容设置的合理性、评价标准的科学性、课程成果的有效性三个方面进行评价（见表1-1-8）。

表1-1-8　"纯美研学"课程评价表

评价维度	评价要素	评价结果	
		自评	师评
内容设置	1. 内容包含学科知识、旅行常识、人生智慧等元素。 2. 内容设计满足学生好玩、易动的天性。 3. 小学阶段多以风土、人情研学为主，根据地域特点，选择适合学生出行的场所。		

评价维度	评价要素	评价结果	
		自评	师评
考核方法	1. 考核方式灵活多样、个性化，侧重过程性考核、发展性评价。 2. 考核以图片展示、书面感悟、口头表达等表现性评价为主。		
研学收获	1. 学习态度积极。认真参与每一次研学旅行活动，有求知的欲望和好奇心，努力完成自己承担的学习任务。研学收获真实有效。 2. 学习方法多元。能用多种途径获得信息，能够独立思考，善于和同伴合作学习，解决问题。		

"纯美研学"课程评价表根据课程标准中对语文教学的实践性和综合性的要求，从"内容设置""考核方法""研学收获"三个维度进行考察评价，体现了纯美教学以生为本、科学合理规划学生活动的要求。

五、设立"纯美语文节"，呈现语文学习的硕果

围绕"纯美语文"学科设置"纯美六节"，旨在培养中小学生良好的语文学习习惯、方法和能力，拓宽学生语文学习的范围，激发其文学兴趣，让浓郁的书香洋溢校园，让丰富多彩的实践活动伴随学生成长，让孩子们都能成为有文学爱好和文学底蕴的学生。

（一）"纯美语文节"的实践与操作

丰富多彩的"纯美六节"。在学年内最适合安排活动的月份，分月设置了"颂美吟诵节""纯真汉字节""纯享阅读节""纯雅写作节""纯睿体验节""纯美献艺节"，拓宽学生的学习途径，创新语文课程的实施方式，激发学生的语文学习兴趣，丰富学生的语文学习经历，让学生在学语文、用语文中不断提高语文学习素养，同时推进语文学科课程的进一步实施。"纯美语文节"具体活动安排如下（见表1-1-9）：

表1-1-9 "纯美语文节"活动安排表

纯真节日	开展时间	活动形式	活动目的意义
颂美吟诵节	3月份	学校氛围营造 朗读课程展示 汇报演出展示	通过开展各色诵读中华经典古诗文活动，弘扬祖国传统文化。让学生在进入小学之后，就不间断接受祖国传统文化教育，亲身体验传统文化的博大精深，增强文化认同感和民族自信心，从而提升师生语文素养，共促经典文化沉淀。
纯真汉字节	4月份	学校氛围营造 展示与交流	开展节日活动，使每位学生都能写一手正确、规范、优美的汉字，重视培养良好的书写习惯。教给学生正确的执笔、握笔姿势，形成正确的书写姿态，知道文本的书写要求，了解标点的规范书写，提高书法欣赏能力和写字基本功。由此使他们更加热爱和理解祖国语言文字，丰富语言文字知识。
纯享阅读节	5月份	阅读环境展示 阅读课程展示 阅读活动推进	通过节日开展，激发学生读书兴趣，培养学生阅读习惯，提高学生朗读水平；其次，鼓励学生分享朗读技巧，了解学生朗读的收获与感悟，让学生爱上朗读，自发自觉加强朗读锻炼；最后，开展各种主题活动，提高学生语言文字运用能力，激发其对祖国语言文字的热爱之情。
纯雅写作节	10月份	学校氛围营造 师生作品展示	写作是心灵的传递，是心意的表达。让学生们在金秋十月，尽情翱翔在属于自己的那片天空，传达新时代小学生的所见所闻和所思所感，就是"纯雅写作节"想呈现的硕果。
纯睿体验节	11月份	展示交流 体验活动	此活动旨在提升学生综合素质，提高学生临场应变能力、收集整理资料能力以及口头表达能力，并创造机会供学生来展示与交流。重点将本次学生辩论赛作为锻炼学生的绝佳时机，丰富辩论赛活动使之逐渐走向标准化，使口头表达成为学生展示的靓丽窗口。
纯美献艺节	12月份	展示交流 庆祝表彰	在"纯美献艺节"中，从确定活动主题、设置活动环节到最后的呈现，都让学生参与进来，考验学生多种能力，让学生积累组织经验，展示学习语文的丰硕成果。培养学生勇于表达、勇于展示、勇于挑战的精神，努力打造我校课程建设中一道靓丽的风景。

　　"纯美语文节"立足于课程标准中对学校创设语文实践环境，开展多种形式的语文学习活动的要求，分月设置了"颂美吟诵节""纯真汉字节""纯

享阅读节""纯雅写作节""纯睿体验节""纯美献艺节"。这既体现了"纯美语文"中对认字、写字、阅读、交流、表达五个发展维度的学科构想，也丰富了学生的文化生活，培养了学生的兴趣和能力。

（二）"纯美语文节"的评价标准

创设以各种实践体验为主体的语文学习活动，以节日的形式进行集中展示，并为纯美六节设置活动评价表，以求逐步形成关于全校语文综合素养发展水平的动态评估奖励机制。（见表1-1-10）

表1-1-10　"纯美语文节"评价表

评价项目	评价要点	评价标准	评价等级			
			A	B	C	D
节日目标内容	1. 目标明确	符合情感态度、实践能力、综合知识、学习策略的培养目标				
	2. 内容综合	贴近学生的生活实践、社会实践、劳动技术实践、信息技术实践				
		内容覆盖面广泛、综合、新颖，符合学生身心发展				
		丰富学生的体验，培养兴趣爱好				
		引入多种信息				
		紧扣主题，综合各学科知识与技能				
	3. 实践性强	次主题分量适当，有操作性				
		难易适当，实践性突出				
节日活动过程	1. 组织形式	走入社会，面向大自然				
		组织形式多样				
	2. 学生活动	注重运用合作、探究的学习方式				
		自主活动，主体性得到充分发挥				
	3. 教师指导	教师是活动合作者、参与者、指导者				
		指导方法形式得当				
	4. 活动步骤	活动导入贴近大自然				
		调动学生手、耳、眼、口等多种感官，充分体验				
		活动拓展延伸				
		各实践环节有机结合				

评价项目	评价要点	评价标准	评价等级			
			A	B	C	D
节日活动效果	1. 学生体验活动	充分调动学生自主性，学生主动参与，体验真实，陶冶情操				
		多元评价贯穿于活动全过程				
	2. 学生参与活动	引导学生主动参与，积极动脑动手，提高实践能力				
		以活动促发展，学生能力得到提高				
	3. 学生知识面和学习策略	知识面有所拓宽				
		学习方法、方式多样，学会学习				
		具有创新精神和意识				

注：A 表示优秀，B 表示较好，C 表示一般，D 表示尚可

　　"纯美语文节"评价表立足于语文课程评价的整体性和综合性，从节日目标内容、节日活动过程和节日活动效果等角度进行多维度评价，这体现了纯美教学评价的多元性、互动性及全面性。

　　总之，这条课程研发之路，虽过程艰难，但愈发坚定。站在前辈的肩膀上，集合了我校八十余位语文老师集体智慧结晶的"纯美语文"，在实践中，释放人文底蕴，助学生步入语言的天籁之境。

（撰稿人：刘春燕　鲍子奇　徐翠翠　兰翠　韩娟　唐玉洁）

第二节

润美语文：让儿童温润美好而行

合肥市安居苑小学教育集团安居苑校区语文教研组，现有教师 40 人，其中高级教师 4 人，一级教师 27 人，市学科带头人 1 人，市教坛新星 4 人，市骨干教师 7 人。多年来，教研组创建了以大语文组教科研为骨架、年级组教研为主体的教科研模式，充分发挥团队教科研的力量，积极参与各级各类教育教学活动，开展各种社团活动，基本形成了以语文课程为基础、以特色课程为两翼、以社团活动为补充的语文课程实施体系。

第一部分　学科课程哲学

语文课程是一门学习语言文字运用的综合性、实践性、开放性课程，是最重要的基础类课程。语文课程应致力于帮助儿童形成与发展语文素养，为儿童的其他学习和终身学习奠定基础。对语文学科课程哲学层面的认识体现了我校语文教研组对语文价值的认同。

一、学科价值观

《义务教育语文课程标准（2011 年版）》指出："工具性与人文性的统一，是语文课程的基本特点。"[①] "语文课程丰富的人文内涵对学生精神世界

[①] 中华人民共和国教育部. 义务教育语文课程标准（2011 年版）[S]. 北京：北京师范大学出版社，2012：2.

的影响是广泛而深刻的，学生对语文材料的感受和理解又往往是多元的。"① 基于这种认识，我们认为：语文课程是兼具"有意思"和"有意义"的课程，自然渗透，立德树人，注重传承文化，涵养品格。它以传承和弘扬中华民族语言、塑造民族精神品格为己任，潜移默化地为儿童注入精神营养，为儿童的成长和品格的养成打下精神的底子。

语文课程是关注语用、建构语言的课程，引导儿童在真实、美好的情境中学习语文、运用语文，注重迁移与建构。生活处处皆语文。语文课程是和生活紧密相连的课程，语文课程的学习需要紧密联系生活，注重积累和感悟，注重整体把握和熏陶感染。

综上所述，我们认为语文课程的核心价值是关注语用，建构语言，发展思维，涵养品格，塑造精神，全面提升语文素养，促进儿童全面成长。

二、学科课程理念

基于语文学科价值观，依据语文课程标准，结合我校历史、文化、教育教学实际及语文学科课程实践，我们提出我校语文学科课程哲学为"润美语文"。"润美语文"是兼顾工具性与人文性的语文课程，要求儿童在丰富的语言文字运用和学科实践中掌握基本的学科知识，吸收古今中外优秀文化，提高思想文化修养，获得审美体验，建构语言，发展思维，涵养品格，丰盈灵魂，促进儿童语文核心素养全面发展。所谓"润美语文"，即以美为韵、关注语用、润泽心灵、向美而生的语文。具体而言：

1. "润美语文"是以美为韵的课程。《汉书·董仲舒传》："良玉不瑑，资质润美。"语文课程拥有天然美，文质兼美、内涵丰富的选文蕴含美，广阔的课程实践孕育美，平等的师生活动创造美。

2. "润美语文"是关注语用的课程。"润美语文"应致力于培养学生的语言文字运用能力，引导儿童在积极的语言实践中积累与建构语言知识，在真实的语言运用情境中培养运用语言文字的能力。助学生获得语言知识和语言能力是"润美语文"学科的根本目标。

---

① 中华人民共和国教育部. 义务教育语文课程标准（2011年版）［S］. 北京：北京师范大学出版社，2012：2.

3. "润美语文"是润泽心灵的课程。"润美语文"应亲近儿童的生命状态，滋润儿童的心灵成长，是引发儿童情趣的语文课程。用语言润泽心灵是"润美语文"的价值核心。

4. "润美语文"是向美而生的课程。"润美语文"应远离浮躁虚华的课程形态，踏踏实实地还原课程本色，遵循语文教学的基本规律，引领儿童在语文学习实践中发现美、追求美、体验美、创造美。向美而生是"润美语文"的价值追求。

我们以"润"为始引领学生向美而行，以"美"为终促进学生润美而成。我们将"润美语文"的理念确定为"让儿童温润美好而行"。"润美语文"引导儿童自由生长，滋润儿童自然生长，激励儿童自信生长，最终实现师生自觉生长。

第二部分　学科课程目标

基于对语文课程的认识，结合语文课程标准，我校梳理出语文学科的总体目标和年段目标。

一、学科课程总体目标

依据语文课程标准要求，我校课程目标设计着眼于学生语文素养的整体提升，从关注语用、建构语言、发展思维、审美与鉴赏、涵养品格等方面确定了学校语文学科课程的总体目标。具体如下：

1. 关注语用。学会汉语拼音。能说普通话。认识 3000 个左右常用汉字。能正确工整规范地书写汉字，并保持一定速度。学会使用常用的语文工具书。积极尝试运用新技术和多种媒体学习语文。能借助工具书阅读浅易文言文。背诵优秀诗文不少于 150 篇（段）。六年课外阅读总量应在 150 万字以上。初步感受汉字蕴藏的丰富文化内涵。

2. 建构语言。能初步掌握阅读策略，具有独立阅读的能力，学会运用多种阅读方法，阅读优秀绘本、童话故事、寓言故事、民间故事、中外优秀名著。有较为丰富的积累和良好的语感，注重情感体验，发展感受和理解的能力。能阅读日常的书报杂志。能具体明确、文从字顺地表达自己的见闻、体验和想法，珍视自己独特的习作感受。初步掌握习作技能，能根据需要，运用常见的表达方式习作，发展书面语言运用能力。具有日常口语交际的基本能力，学会倾听、表达与交流，初步学会运用口头语言文明地进行人际沟通和社会交往。

3. 发展思维。在发展语言能力的同时，发展思考能力，初步具备搜集、整理和处理信息的能力，能够发现问题、提出问题，初步掌握解决问题的方法和策略。能主动进行综合性学习，激发想象力和创造潜能，学习科学的思想方法，逐步养成实事求是、崇尚真知的科学态度。掌握解决问题的策略和方法。

4. 审美与鉴赏。能初步鉴赏文学作品，培养审美能力。初步感受中华文化的丰厚博大，汲取民族文化智慧，厚植文化底蕴。关心当代文化生活，尊重文化多样性，吸收人类优秀文化的营养，提高文化品位和文化修养。在实践中学习和运用语文，感受语文的魅力。

5. 涵养品格。在语文学习过程中，培育热爱祖国语言文字的情感，增强学习语文的自信心，养成良好的语文学习习惯，践行社会主义核心价值观，促进个性发展，培养健康的审美情趣，培养创新精神和合作精神，逐步形成积极的人生态度和正确的世界观、价值观。

二、学科课程年段目标

根据课程标准、教科书以及相关教学用书，结合我校 1—6 年级的学情，我们将"润美语文"课程目标分年级细化，设置了语文学科的年段目标，现以一年级上册为例（见表 1-2-1）。

表 1-2-1 "润美语文"一年级上册单元课程目标表

单元	教 学 目 标
第一单元	共同目标： 1. 认识本单元 45 个生字；会写 17 个字和 10 个笔画。 2. 学习利用已有的生活经验，借助象形字识字、看图识字、对对子识字等多种方法识字。区分 3 组形近字，了解每组汉字字形的不同。 3. 初步了解汉字的文化内涵，产生主动识字的愿望。培养良好的书写习惯。了解汉字"从上到下""先横后竖"的笔顺规则，注意笔画在田字格中的位置。

单元	教　学　目　标
	4. 朗读、背诵课文《金木水火土》《对韵歌》《咏鹅》。学习谜语诗。在大人的帮助下，用听读、唱读的方式学习儿歌《小兔子乖乖》，能正确朗读。 5. 了解课文阅读的途径，感受课外阅读的快乐。乐于和大家分享课外阅读成果。 6. 大声说，让别人听得见；注意听别人说话。对交流有兴趣，感受交流的快乐。 校本目标： 借助图画，发挥想象，读懂图意。阅读浅显的故事绘本，激发课外阅读的兴趣，体验主动阅读的快乐。
第二单元	共同目标： 1. 正确认读 a、o 等 6 个单韵母，b、p 等 23 个声母，yi、wu 等 10 个整体认读音节。认识爸、妈等 16 个生字；借助课程表，认识文、数等 5 个生字。 2. 掌握两拼音节和三拼音节的拼读方法，正确拼读声母和单韵母组成的音节，会拼读 bà ba、mā ma 等 13 个音节词。通过练习，复习巩固音节拼读的方法。 3. 认识四线格并正确书写 6 个单韵母、23 个声母。复习 6 个单韵母、23 个声母及之前认识的生字，巩固声母的音和形，记忆声母表的顺序。通过比较，正确区分形近字母。 4. 借助拼音和教师的示范，朗读《轻轻跳》等 5 首儿歌。在大人的帮助下，能正确朗读《剪窗花》。 校本目标： 1. 培养学生养成良好的书写习惯，规范书写姿势，做到书写美观、卷面整洁。 2. 提高学生汉语拼音书写能力，能规范正确书写拼音字母。
第三单元	共同目标： 1. 正确认读 ai、ei 等 8 个复韵母，1 个特殊韵母 er，an、en 等 5 个前鼻韵母，ang、eng 等 4 个后鼻韵母，ye、yue 等 6 个整体认读音节；掌握两拼音节和三拼音节的拼读方法，正确拼读声母和复韵母组成的音节；会拼读 mèi mei、nǎi nai 等 15 个音节词。 2. 认识妹、奶等 16 个生字；会读由车组成的 7 个词语，并能选择其中一两个词语说话；能用拼读的方法读准有关物品的音节词。 3. 在四线格中正确书写 5 个音字词。 4. 读记字母表，能区分声母、韵母、整体认读音节。通过比较，读准音近的音节。能区分形近复韵母，读准音节词。 5. 借助拼音和教师的示范，朗读《小白兔》等 5 首儿歌。借助拼音，和大人一起阅读《小鸟念书》，感受和大人一起阅读的乐趣。 校本目标： 1. 培养学生养成良好的书写习惯，规范书写姿势，做到书写美观、卷面整洁。提高学生汉语拼音书写能力，能规范正确书写拼音字母。 2. 开展"亲子阅读"，培养学生阅读兴趣，体验阅读乐趣。
第四单元	共同目标： 1. 认识本单元 44 个生字，9 个偏旁和 1 个多音字；会写 16 个字和 6 个笔画。学会制作自己的姓名卡片，能从卡片上认识同学的名字。 2. 仿照例子，积累和拓展带叠词的"的"字短语。积累有关惜时的名言，懂得要珍惜时间。

单元	教　学　目　标
	3. 正确朗读课文，读准字音。感受四季之美，激发对大自然的喜爱之情。认识自然段。仿照课文说说自己喜欢的季节。 4. 背诵《小小的船》《江南》《四季》。和大人一起读《小松鼠找花生》，了解花生的果实长在地下这一生活常识。 5. 能向他人做自我介绍，并能引起话题。知道与人交谈时，"看着对方的眼睛"是一种基本的交际原则和交际礼仪。 6. 拓展积累词语，能运用词语说说自己喜欢的季节。初步掌握反义词的概念。 校本目标： 初步认识自我，了解自己的兴趣、爱好，能选择一种自己喜欢的方式自然、大方地向同学介绍自己。激发学生交友的意愿，养成良好的交友习惯。
第五单元	共同目标： 1. 认识 65 个生字和 10 个偏旁；会写 23 个字和 2 个笔画。归类认识一些表示时间的词语。 2. 能利用已有的生活经验，借助会意字识字、归类识字、反义词识字等多种方法识字。 3. 发现草字头和木字旁所代表的意思，了解汉字偏旁表义的构字规律。进一步了解汉字的文化内涵，喜欢学习汉字。 4. 辨析易混淆的音节，读准平舌音、翘舌音、鼻音和舌尖音。 5. 了解汉字"从左到右""先撇后捺"的笔顺规则，在田字格中正确书写。 6. 正确朗读课文。背诵《画》《大小多少》《升国旗》；背诵《悯农》，懂得要爱惜粮食。感受古诗描绘的景色。 7. 培养学生爱惜文具的好习惯，懂得团结协作力量大的道理，初步接受爱国主义教育。 8. 和大人一起读《拔萝卜》，了解故事内容，初步尝试续编故事。 校本目标： 能大声、流利地诵读《弟子规》，懂得尊师、敬老、团结同学，初步接触行为礼仪启蒙教育。规范学生言行。
第六单元	共同目标： 1. 认识 43 个生字、10 个偏旁和 2 个多音字，会写 17 个字和 3 个笔画。知道汉字有"上下结构"和"左右结构"，学习把字按结构进行归类。交流在生活中自主识字的成果，培养自主识字的习惯。 2. 借助拼音读通儿歌，巩固方位词"前、后、左、右"，了解方位词"东、南、西、北"，学会用"前、后、左、右"4 个方位词说话。积累一问一答的语言表达，积累由生字拓展的新词。 3. 学习分角色朗读课文，读好任务说话的语气。认识逗号和句号，根据标点读好停顿，初步建立句子的概念。 4. 背诵《比尾巴》。背诵《古朗月行》（节选）。和大人一起读《谁会飞》，感受儿歌的生动有趣，了解动物都有自己不同的活动方式。 5. 根据场合，用合适的音量与他人交流。知道根据场合，用合适的音量与人交流是文明、有礼貌的表现。 校本目标： 走出校园，到大自然中感受美好。能在不同场合与他人交流，养成交流意愿。

单元	教 学 目 标
第七单元	共同目标： 1. 认识 38 个生字和 5 个偏旁；会写 11 个字。学习表示亲属称谓的词语。能区分形状相近的笔画，并正确书写。 2. 发现日字旁和女字旁所代表的意思，了解汉字偏旁表义的构字规律。学习"的"字词语的合理搭配。 3. 正确、流利地朗读课文；初步尝试找出课文中的一些核心信息。朗读、背诵成语，了解成语蕴含的道理。 4. 联系生活实际，理解课文内容，感受儿童丰富多彩的内心世界。和大人一起分角色朗读《猴子捞月亮》，感受故事的趣味。 5. 看图写词语，能根据图意说一两句话。 校本目标： 1. 能阅读浅显易懂的绘本，简单分享阅读故事。 2. 能初步认识自己的优点和缺点，简单向别人介绍自己，分享自己感兴趣的故事。
第八单元	共同目标： 1. 认识 44 个生字和 2 个偏旁；会写 18 个字和 1 个笔画。拓展积累由熟字构成的 12 个新词，学习写新年贺卡。了解汉字"先中间后两边""先外后内"的笔顺规则，在田字格中正确书写。 2. 正确、流利朗读课文；能找到课文中的核心信息；认识自然段。借助图画，自主阅读不全文注音的课文。通过学习课文，了解一些自然常识，激发学生观察自然、观察生活的兴趣。 3. 背诵《雪地里的小画家》《风》。把《春节童谣》读给大人听，分享过年的乐趣。 4. 与人交流，能大胆说出自己的想法。 校本目标： 1. 认识春联；规范书写，养成良好书写习惯。 2. 借助拼音阅读内容浅显的童话故事，养成良好的阅读习惯，感受阅读乐趣。

第三部分 学科课程框架

为了落实上述学科目标，根据语文学科课程的核心价值，基于"让儿童温润美好而行"的课程理念，我校构建出学科课程结构，将其作为课程目标与课程实施的纽带。

一、学科课程结构

语文课程标准指出："学段目标与内容从'识字与写字'、'阅读'、'写作'、（第一学段为'写话'，第二、三学段为'习作'）、'口语交际'四个方面提出要求。课程标准还提出了'综合性学习'的要求，以加强语文课程内部诸多方面的联系，加强与其他课程以及与生活的联系，促进学生语文素养全面协调地发展。"① 基于此，"润美语文"创意提出"润美识写""润美阅读""润美写作""润美交际""润美实践"等五部分课程群（见图1-2-1），分别对应、落实"识字与写字""阅读""写作""口语交际""综合实践"等方面的课程目标。

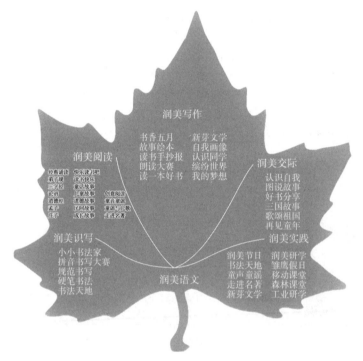

图1-2-1　"润美语文"课程结构图

具体表述如下：

润美识写。"润美识写"是落实小学各年级识字、写字任务的课程。识字和写字是语文学习最重要的学习内容之一。语文课程标准指出，识字与写字是"第一学段的教学重点，也是贯穿整个义务教育阶段的重要教学内容"②。

---

① 中华人民共和国教育部. 义务教育语文课程标准（2011年版）［S］. 北京：北京师范大学出版社，2012：4.

② 中华人民共和国教育部. 义务教育语文课程标准（2011年版）［S］. 北京：北京师范大学出版社，2012：13.

润美识写重在激发学生识字写字的兴趣，了解汉字的历史，引导学生正确运用汉字、规范书写汉字，体会汉字的博大精深，从而热爱祖国的语言文字。

润美阅读。"润美阅读"是儿童运用语言文字获取信息、积累言语、认识世界、发展思维、获得审美体验的课程。"润美阅读"课程提供文质兼美、内涵丰富的文本，创造性地开展阅读活动，使儿童在丰富多彩的阅读实践中感悟语言魅力、掌握阅读方法、提升阅读素养，为儿童的终身发展奠基。

润美写作。"润美写作"是儿童运用语言文字进行表达和交流、认识世界、认识自我，进行创造性表述的课程。写作能力是语文素养的综合体现。"润美写作"重视学生的观察、感受和体验，注重真实的表达，鼓励自由表达和有创意的表达，为学生的自主写作提供有利条件和广阔实践。

润美交际。"润美交际"是培养儿童倾听、表达和应对能力的课程，是听与说的综合运用，是儿童将语文灵活地运用于生活的重要载体，目的是培养儿童具有文明和谐地进行人际交流的素养。"润美交际"充分发挥儿童的主动性，积极创设真实的情景，使师生、生生充分交流，让学生在交际中掌握倾听、表达、转述、交谈的方法，能够选择恰当的方式与他人打交道。

润美实践。"润美实践"即综合性学习课程，具体包括语文知识的综合运用、听说读写能力的整体发展、语文课程与其他课程的沟通、书本学习与生活实践的融合等内容。"润美实践"依托语文学习开展多种多样的语文实践活动，使儿童能够将语文知识和能力融会贯通，学以致用，打通学习与生活的界限。

二、学科课程设置

我们遵循语文教育教学和学生认识发展及成长规律，稳步推进并逐步完善"润美语文"课程设置，让语文学习温润美好而行。"润美语文"课程设置不仅让儿童感悟、积累、运用语言，掌握基本的学科知识，还让儿童在丰富的语言文字运用和学科实践中吸收古今中外优秀文化，感悟语文课程的美，形成人文情怀和语文素养，促进儿童全面成长。为此，学校在基础类语文课程之上嵌入"小小书法家""经典诵读""快乐读书吧""书香五月""新芽文学""口述故事""润美节日""润美研学"八个主题，即在六年时间里以螺旋上升的态势培养儿童识写、阅读、习作、表达和交流、综合实践的能力。

　　在按要求完成十二册语文教材的教学之外，我校还根据儿童学习需求，开发了丰富多彩的社团活动、社会实践等拓展课程，分年级、主题设置课程（见表1-2-2）。

表1-2-2　"润美语文"课程设置表

年段＼课程		润美识写		润美阅读		润美写作		润美交际	润美实践	
一年级	上学期	拼音书写大赛	弟子规	读书快乐	故事绘本	自我画像	认识自我	书写天地	移动课堂
	下学期	硬笔书法	弟子规	童谣与儿歌	故事绘本	认识同学	绕口令大赛	童声童谣	雏鹰假日
二年级	上学期	"楹"联新年	三字经	童话故事	故事绘本	我的玩具	图说故事	书写天地	动物世界
	下学期	硬笔书法	三字经	儿童故事	故事绘本	我的梦想	放飞梦想	童声童谣	雏鹰假日
三年级	上学期	规范书写	论语	童话王国	读书手抄报	小荷才露尖尖角	好书分享	书写天地	森林课堂
	下学期	编猜字谜	论语	寓言故事	读书手抄报	小荷才露尖尖角	传颂英雄	新芽文学	雏鹰假日
四年级	上学期	"楹"联新年	道德经	神话故事	读书手抄报	新芽文学	寓言故事	书写天地	森林课堂
	下学期	硬笔书法	道德经	走近科学	朗读大赛	新芽文学	三国故事	新芽文学	雏鹰假日
五年级	上学期	小书法家	孟子	民间故事	读整本书	新芽文学	我爱家乡	书写天地	工业研学
	下学期	听写大赛	孟子	古典名著	好书分享	新芽文学	趣说童年	走进名著	雏鹰假日
六年级	上学期	书法比赛	庄子	成长故事	传承精神	新芽文学	歌颂祖国	书写天地	工业研学
	下学期	书法比赛	庄子	世界名著	畅想未来	新芽文学	再见童年	走进名著	师恩难忘

　　总之，"润美语文"学科课程设置紧扣"让儿童温润美好而行"课程理念，以"润美识写""润美阅读""润美写作""润美交际""润美实践"为经，以具体课程为纬，分学期设置课程，建构"润美语文"一体化课程

网络。

为了落实课程目标，提升课程品质，依据语文课程标准、课程理念，"润美语文"建构出"润美课堂""润美课程""润美语文节""润美阅读""润美研学""润美社团"等六大实施途径，在务实求"润"中引导学生领悟语文之"美"，践行"让儿童温润美好而行"的课程理念。

一、构建"润美课堂"，夯实语文学习基础

"润美课堂"是"润美语文"实施的基础，其依托课堂教学，在有序、有情、有趣、有效课堂实践中追求语文教学之美。"润美课堂"是尊重学生的课堂，在尊重学生个性的基础上，促进学生在民主平等、自然和谐的课堂氛围中健康成长，为学生的语文学习奠定基础。

"润美课堂"是关注语用、建构语言、发展思维、涵养品格的课堂，其关键词是尊重、唤醒、激励、成长。这需要教师树立基于教材、高于教材的教材观，落实尊重儿童、促进儿童全面发展的儿童观，改变重讲解、轻探究的课堂观。具体而言：

1. 注重研读教材，落实集体备课。"润美课堂"采取双层备课制度，即集体备课和二次备课。学期开始，备课组长带领学科教师进行教材解读，在充分了解编排体系、编者意图的基础上，集合众长，进行集体备课，形成集体备课成果。具体教学过程中，教师根据学情，进行二次备课。

2. 精心预设问题，提高课堂时效。"润美课堂"拥有高效的师生对话，通过精心预设问题和组织教学活动，唤醒儿童学习积极性、主动性，在启发、讨论中熏陶感染、潜移默化，提高课堂实效。

3. 创设课堂情境，激发学习兴趣。"润美课堂"通过创设符合儿童心智特点的课堂情境，充分尊重儿童学习的主体地位，关注儿童个体差异，鼓励儿童在平等的教学情境中选择适合自己的学习方式。

4. 实施多元评价，促进全面成长。"润美课堂"实施多元的评价方式，充分发挥语文课程评价的检查、诊断、反馈、激励等多重功能，注重评价主

体的多元与互动，突出语文课程评价的整体性和综合性。根据不同年龄儿童的学习特点，抓住关键，突出重点，采用合适方式，提高评价效率，激励学生学习，促进儿童全面成长。

二、建设"润美课程"，丰富语文课程内涵

"润美课程"依托国家课程，准确把握语文学科的内涵和外延，根据学情、师情、校情，整合基础课程，发展嵌入课程，增加选修课程，通过学科课程体系的梳理和优化，以"1＋X"的模式构建起来的语文学科课程群。

"润美课程"在实施过程中以儿童需求为出发点，整合丰富的课程资源，落实"润美语文"的培养目标，促进学生语文素养的全面提高。"润美课程"采用"三点半课程"模式，以学生兴趣为导向，走班式自主选择课程。具体而言：

1. 开展趣味识写，培养识写兴趣。"识字、写字是阅读和写作的基础，是第一学段的教学重点，也是贯串整个小学教育阶段的重要教学内容。"①"润美课程"注重创设丰富多彩的教学情境，采用书写天地、趣味楹联等方式，运用多种识字教学方法和形象直观的教学手段，将儿童熟识的语言因素作为主要材料，鼓励儿童在生活中识字，利用各种机会主动识字写字。

2. 实施创意阅读，提高阅读质量。创意阅读，即提倡多维度、个性化阅读，利用阅读期待、阅读反思、阅读批判等环节，拓展思维空间，提高阅读质量，提升审美能力，涵养儿童品格。创意阅读应注重培养儿童感受、理解、欣赏、评价和反思的能力。同时实施创意阅读，但须防止逐字逐句的过深分析和远离文本的过度发挥。

3. 开设新芽文学，表达真情实感。学校开设"新芽文学"社团，在不同年级设立"自我画像""认识同学""绚丽世界""我爱家乡""七彩童年""师恩难忘"等不同板块，通过创设生活情境，把写作教学与阅读教学、口语交际教学联系起来，为学生的自主写作提供有利条件和广阔空间，引导学生关注现实，鼓励自由表达和有创意的表达，表达真情实感，培养学生观察、

---

① 中华人民共和国教育部. 义务教育语文课程标准（2011年版）［S］. 北京：北京师范大学出版社，2011年，13.

思考、表达和创造的能力。

4. 开展口语交际，锻炼交际能力。学校开设口语交际课程，在不同年级设立"认识自我""图说故事""放飞梦想""好书分享""三国故事""歌颂祖国"等板块，通过选择贴近生活的话题，创设情境，采用开放式教学策略，鼓励儿童乐于表达、文明交流，培养儿童倾听、表达和应对的能力，提升儿童人际交流的素养。（见表1-2-3）。

表1-2-3　"润美课程"设置表

年段 ＼ 课程		润美识写	润美阅读		润美习作		润美交际
一年级	上学期	拼音书写	弟子规	读书快乐	故事绘本	自我画像	认识自我
	下学期	硬笔书法	弟子规	童谣与儿歌	故事绘本	认识同学	绕口令大赛
二年级	上学期	书写大赛	三字经	童话故事	故事绘本	我的玩具	图说故事
	下学期	硬笔书法	三字经	儿童故事	故事绘本	我的梦想	放飞梦想
三年级	上学期	书写大赛	论语	童话王国	读书手抄报	想象世界	好书分享
	下学期	编猜字谜	论语	寓言故事	读书手抄报	新芽文学	传颂英雄
四年级	上学期	书写大赛	道德经	神话故事	读书手抄报	人物画像	寓言故事
	下学期	硬笔书法	道德经	走近科学	朗读大赛	新芽文学	三国故事
五年级	上学期	小书法家	孟子	民间故事	读整本书	新芽文学	我爱家乡
	下学期	听写大赛	孟子	古典名著	好书分享	新芽文学	趣说童年
六年级	上学期	书法比赛	庄子	成长故事	传承精神	精彩世界	歌颂祖国
	下学期	书法比赛	庄子	世界名著	畅想未来	新芽文学	再见童年

　　"润美课程"综合识写、阅读、习作（写话）、交际等要素，分学期设置，梯次建构课程体系，丰富"润美语文"课程内涵，多角度、多层次落实语文核心素养。

三、创设"润美语文节"，浓郁语文课程氛围

　　"润美语文节"紧紧围绕语文课程目标，将识写、阅读、习作、交际、实践等内容以多种方式呈现，使语文学习富有趣味性、挑战性，调动儿童参

与的积极性，是语文课程的专题拓展。"润美语文节"拓展"润美语文"的外延，丰富"润美语文"的内涵，增强"润美语文"的趣味性和实践性，营造出浓郁的语文课程氛围。

"润美语文节"注重文化传承、品格涵养，创意出"书写天地""童音童谣""走进名著""新芽文学"等板块，凝练成固定符号。每个固定的符号都有着丰富的内涵、特别的情趣，塑造一种浓厚的氛围，让孩子深入每一个语文节中，感悟升华，熏陶感染。

1. 书写天地。"书写天地"结合儿童心智特点，采用活动和游戏的形式，将楹联、广告、活动等的语言素材作为主要材料，结合儿童生活经验，引导他们利用各种机会主动识字，力求识用结合，树立生活中处处皆语文的理念。

2. 童声童谣。"童声童谣"将儿歌、童话、寓言等内容通过绘本、吟诵、课本剧、手抄报等形式表现出来，达到助儿童学习、理解、运用的目的。

3. 走进名著。"走进名著"旨在引导儿童诵读名著，通过手抄报、思维导图、创意书签、宣传海报、文学创作等形式表现。其注重情感体验，发展感受和理解的能力，培养学生独立阅读及鉴赏文学作品的能力，是培养儿童审美能力的重要途径。

4. 新芽文学。"新芽文学"引导儿童关注现实，关注生活，乐于表达，善于表达，培养学生观察、思考、表达、创造和审美等能力。

"润美语文节"课程是语文课程的专题拓展，将识写、阅读、习作等内容以活动方式呈现，凸显语文学习的趣味性，调动儿童参与的积极性，拓展"润美语文"的外延，丰富"润美语文"的内涵。

四、实施"润美阅读"，厚植语文课程底蕴

"润美阅读"是注重语言的积累、感悟和运用的阅读体验性课程，注重培养儿童审美鉴赏能力。"润美阅读"立足阅读素养的培养，注重阅读习惯的养成，结合阅读要素，分别开展"经典诵读""快乐读书吧""书香五月"等活动。具体而言：

1. 经典诵读。国学经典是古代圣贤思想、智慧的结晶，是我们民族文化

的瑰宝，承载了民族智慧，是培养学生审美鉴赏能力、涵养品格的重要载体。学校开展经典诵读，让学生读经典、诵经典，让诵读彰显魅力，让经典浸润人生、涵养品格。经典诵读作为安居苑小学重点开发的校本课程，现已纳入学校课程表。

2. 快乐读书吧。"快乐读书吧"在不同年级开辟不同的阅读板块，引导学生进行专题阅读。学校先后开设"读书快乐""童谣与儿歌""儿童故事""童话故事""寓言故事""神话故事""民间故事""科学故事""中国名著""世界名著"等板块。

3. 书香五月。"书香五月"分"最美朗读者"音视频和读书创作征文两部分。视频朗读内容不限，朗读形式有个人朗读、亲子朗读，朗读时间不超过5分钟，视频格式不限。读书创作征文由学生读一本书，再通过故事绘本、手抄报、思维导图、读书作品等形式表达自己的阅读感受。

五、开启"润美研学"，丰实语文课程实践

"润美研学"是联系生活中的实际问题开展学习的实践课程，注重引导儿童追求积极、健康、和谐的生活方式，在实现语文学习目标的同时，提高儿童对自然、社会现象与问题的认识，增强与自然、社会和他人互动中的应对能力。

"润美研学"让学生在多元的环境中通过各种渠道感受语文、学习语文。让孩子感到语文之美无处不在、无时不有。学校开展"移动课堂""森林课堂""工业研学"等课程。具体实施如下：

1. 移动课堂。"移动课堂"包含探访刘铭传故居、走进杨振宁故居等内容。通过探访刘铭传故居让学生了解刘铭传的历史功绩，铭记历史，并进行爱国主义教育。通过探访杨振宁故居，培养学生热爱科学的情感。

2. 森林课堂。"森林课堂"主要包括"小小投弹手""手忙脚乱""挑战150""飞舞的杯子"四大板块。老师带领学生走进官亭林海、蜀山国家森林公园，让学生认识更多的植物；通过开展体适能训练，让学生在训练中提升团队协作能力，增进友谊，提高团结合作意识。

3. 工业研学。让学生走出校门，走进工厂，在实践中深入了解现代工业文明，感受现代科技的魅力；了解"四水归堂，五方相连"的徽派建筑

风格。

六、繁荣"润美社团"，点燃语文课程活力

"润美社团"是基于语文学科基础课程衍生出来的活动课程，以学生的兴趣为基础，通过组织开展各项专题活动，拓展学生视野，培养其创新精神和实验能力，丰富学生的业余文化生活，提高学生的综合素质。

"润美社团"是语文学习实践的重要组成部分，是学生交流语文的空间、展示自我的平台。根据学生的兴趣爱好、教师专业特长，我们开设了"阅读亭""新芽文学社""书法社""经典诵读"等社团。在具体实施过程中，我们坚持：

需求为基，促进成长。我们以"让每一位学生每学期至少参加一个润美语文社团"为建设目标，引导学生广泛参与各类社团活动，力争让每一个学生都能较好地掌握一样语文专项特长。我们组织专门机构负责润美社团，定期组织学习研究，协调课内外、校内外关系，保证方案正常实施。书法社团、绘本阅读、创意读写等丰富多彩的语文活动社团，充分体现语文学习的生活化、社会化。

师生互动，共同成长。各项语文课程和活动均设立具体的负责教师，由学校根据教师在语文领域的专业、特长和爱好，在自愿的基础上统筹调配，每个课程配置两名教师，一名教师负责具体的教学活动安排、备课等教学任务；一名教师负责学生的召集、考勤并协助授课教师完成教学活动，以此对学生进行针对性教学。

尊重学生，自主成长。根据课程内容和学生需要设置不同社团，面向不同年级招募参加人员，可以跨越年级，每个社团人数尽量不超过 30 人，以保障学习效果。社团活动开展过程中，立足学生需求，体现活动特性，尊重个性，促进学生全面发展。

"润美社团"尊重学生学习语文的主体性，大大地激发了学生学习语文的兴趣，在社团活动中使学生感受到角色的转化，体验成功的喜悦，使学生得到全面的发展，真正让语文活了起来，让学生在生活中感受到了浓浓的"语文"氛围。

综上所述，我们以"让儿童温润美好而行"的理念为核心，用"润美课

堂""润美课程""润美研学""润美社团"构画了"润美语文"的实施路径，来发展学生的语文核心素养，最终实现"润美语文"助力学生全面发展、终身发展的目标。

（撰稿人：韩国　陈梅　杨兰姣　林健）

第二章

自组织课程：
过程与结果的生长

自组织课程的过程是连续的、有序的、整合的，结果是开放的、灵活的、生长的。课程结果指引着课程过程，课程过程和课程结果在自发中生长，互为正向反馈，在课程实施过程中相辅相成，不断更新，螺旋上升。自组织课程侧重于培养儿童自组织学习、自我管理、合作互惠学习的能力，逐步形成儿童自我设计、自我学习、自我提高和自我教育的能力，实现全面发展和可持续发展。

自组织需要有共同的目标或共同愿望。自组织成立的基础是连接，而共同的目标和愿望是连接课程与课程之间的最好方式。自组织课程以开放的思维突破了传统教育的复杂性，将课程目标解放出来，给课程提供一个开放、生长性的空间。因此，课程总目标的制定要更具灵活性和发展性，将学习融入儿童的生活与实践活动中，使儿童学会自我组织与自我成长。

传统的课程总目标是线性的、封闭的，教学形式也是单一的教与学，禁锢了儿童的思维，不利于儿童个性化发展。因此，我们在制定课程总目标时，重新认识课程的发展性、丰富性、生长性，努力构建开放而有活力的课程总目标。"慧美语文""三味语文"从《义务教育语文课程标准（2011 年版）》中"全面提高全体儿童的语文素养"这一基本理念出发，通过教师、儿童与文本的合作以及活动实践来明确课程总体目标，共分为"识字与写字""阅读""习作""口语交际""综合性学习"五部分。通过实施"语文课堂"，举办"语文节"，创建"语文社团"，开展"语文之旅"，推行"语文赛事"等系列实践活动，使目标的设定产生于实践，并在实践中不断进行修正。这体现了自组织课程总目标设定的开放性、灵活性、生长性、实践性的特点。

本章指向学科课程哲学，从课程价值的角度来阐述自组织课程的过程与结果。让自组织课程的课程目标制定在总目标的基础上，进一步深入拓展，并随着课程的实施不断更新、生长。学校根据学生的学情，分年级、分学期、分单元、分课时制定了语文学科课程的年段目标。学校根据课程总目标，结合一至六年级的具体学情，设置了各年级、各单元目标。

这些分级目标的设定体现了三大原则：连续性、顺序性和整合性。

1. 连续性。连续性指一至六年级课程中的听、说、读、写能力以直线上升式地重复，使儿童在不同学习阶段得到巩固发展。

2. 顺序性。顺序性是低、中、高年段对课程学习从已知到未知、从具体到抽象、从简单到复杂深入、广泛地展开。这既符合知识本身的逻辑，也符合儿童的认识规律。

3. 整合性。整合性是指课程要素之间的横向联系，将各学科内容整合为一个有机整体，从而增强学习的价值、应用性和效率。

"慧美语文""三味语文"的课程目标设置着重关注儿童的自组织能力的

培养。通过教师引导，儿童在课程学习中能准确把握学习任务，学会制定学习计划，确立适宜自己学习的方式方法，借助合作学习与探究，掌握行之有效的学习技能。

总之，相对于传统教学，我们在制定课程教学目标时，更侧重于培养儿童自组织学习、自我管理、合作互惠学习的能力。在教师的引领、组织、合作下，儿童自我设计、自我学习、自我提高，逐步形成自我教育的能力，从而实现全面和可持续发展。

第一节

慧美语文：让美润泽每一个孩子的心灵

合肥市华府骏苑小学语文学科组，现有专任教师43人。按照学校制定的"多彩教育"课程理念，学科组认真开展教研活动和备课活动，曾被评为蜀山区"优秀教研组"。组内教师在参加各级各类教学评比中，成绩优异，多次获得国家、省、市级一、二等奖。其中在近几年的"一师一优课"活动中，多位教师的录像课被评为"部优"和"省优"等级。为进一步推进我校语文学科课程建设，现依据教育部《关于深化课程改革，落实立德树人根本任务的意见》《义务教育语文课程标准（2011年版）》，围绕语文学科的语言建构与运用、思维发展与提升、审美鉴赏与创造、文化传承与理解等核心素养，以国家课程为基础，制订我校语文学科课程群建设方案。

第一部分 学科课程哲学

哲学是思维领域的，它的呈现最终需要语文的力量。语文学科是小学教育教学阶段中的基础性学科，人文性和逻辑性明显，又是人文学科的一部分，侧重培养形象思维能力，传承人文精神。课程的开展需要哲学理论的支撑，从某种意义上来说，语文学科应该是语言承载的文化课，民族文化的传承和发展是课程的内容和最终目的。语文课程哲学是语文学科课程的灵魂与核心。基于我校"多彩教育"的教育哲学和"个个多彩，人人出彩"的办学理念，根据语文学科课程的性质，我校语文课程教研组形成对教育价值取向的独特理解，厘定出我校语文课程哲学理念，赋予学生个性化的教育，促进我校语文教育品质发展。

一、学科性质观

《义务教育语文课程标准（2011年版）》指出："语言文字是人类最重要的交际工具，是人类文化的重要组成部分。工具性与人文性的统一，是语文课程的基本特点。"[①]"九年义务教育语文课程，遵循语文教育的规律，努力提高学生的语文素养，为弘扬民族精神、增强民族创造力和凝聚力、培养德智体美全面发展的社会主义建设者和接班人，发挥积极的作用，为儿童的终身发展奠定基础。"[②]

基于这种认识，我们认为语文课程的核心价值观是儿童徜徉在语文的美好世界中，感知文字美、文化美、思维美，感悟美好事物和人物带来的高尚情怀，积累丰富多彩的文学语言和运用能力，提高发现美、欣赏美、体验美、表达美和创造美的能力，从而使儿童具有美的理想、美的情操、美的品格和美的文化涵养。

二、学科课程理念

我校将语文学科的核心概念定为"慧美语文"。结合学校和语文学科实际情况，我们的课程建设原则为要让儿童在多彩的语文世界里，积累丰富的文学语言知识，以打造"慧美语文"为平台，启迪智慧，引领儿童感受祖国语言文字的魅力，体悟语言文字背后的人或物的闪光点，并将其内化为自身品格精神，从而建立美好的诗意人生。

所谓"慧美语文"，即"启智点慧，春风化雨，以美润泽童心、塑造品格。"以"慧"为始，着眼于儿童的破感证真的情感需求和明智辨非能力的发展；以"美"为终，具体在于发展儿童良好的语言感受能力和对语言的理解能力，整体提升儿童的语文核心素养，提高写作、交流的水平，让语文学

---

① 中华人民共和国教育部. 义务教育语文课程标准（2011年版）[S]. 北京：北京师范大学出版社，2011：1.
② 中华人民共和国教育部. 义务教育语文课程标准（2011年版）[S]. 北京：北京师范大学出版社，2011：4.

习自然美好地浸润。具体而言：

"慧美语文"是品味语文本色，让儿童具备发现美的能力，从而感受到语言文字内在魅力的一门课程。语文是由文字、符号、语段、篇章、情感等多元素汇聚而成的丰富而灵动的课程，这些文字符号组成的句、段、篇，也是作者想要表达的思维、文化和情感的载体，绚丽多姿的语言是语文教学中一道亮丽的风景。我们的语文教学应该为儿童营造美好的情境、与儿童进行语文内涵的探索，做到内容具体、情感丰富，让儿童通过个性化学习，触及语言文字背后的情感温度，碰撞出智慧的火花。"慧美语文"课程回归语文的本位，带领儿童写汉字、诵美文、悟真情，不断满足儿童对语文知识的渴求，并在课程学习中逐渐丰富儿童的语感经验，让其成为有一定审美、鉴赏能力的人。

"慧美语文"是充分展示自我，体会"趣味"的课程。语文教学活动不能仅仅局限在课堂讲授的阶段，语文活动应涉及儿童学习生活的方方面面。"慧美语文"努力打造儿童展示自我的平台，使其享受语文学习带来的成功体验。在"慧美语文"课程中，我们安排相配套的课程活动，引导儿童把课堂上掌握的知识运用到课堂之外，独立面对社会生活，挑战自我，激发好学、乐学的兴趣，检验自己的能力，相互促进，让其将实践中得到的经验反馈到语文学习中，最终成为有思想、有主见、乐学好学的人。

"慧美语文"是传承中华民族传统美德，提升综合能力的课程。中华民族有五千年的光辉灿烂的文化，美德教育是保证我国传统文化持续发展的重要基石。语文学科作为教育体系下的重要组成部分，与我国传统美德教育贴合紧密。"慧美语文"课程通过对话文本，巧妙拓展迁移，引导儿童传承优秀文化，真正把民族自豪感、高尚情操和审美情趣融入儿童的童心血液，以形成积极进取的情感、态度和价值观。通过"慧美语文"课程的系统学习，儿童在潜移默化中有层次地完善情感认知和明辨是非的能力，塑造正确向上的世界观、人生观、价值观，最终塑造思想美、行为美的新时代高素质的好少年。

第二部分　学科课程目标

《义务教育语文课程标准（2011年版）》指出："语文课程致力于培养学生的语言文字运用能力，提升学生的综合素养，为学好其他课程打下基础；为学生形成正确的世界观、人生观、价值观，形成良好个性和健全人格打下基础；为学生的全面发展和终身发展打下基础。语文课程对继承和弘扬中华民族优秀文化传统和革命传统，增强民族文化认同感，增强民族凝聚力和创造力，具有不可替代的优势。"① 从这一基本理念出发，我校梳理并制定了学科课程总目标和年级目标。

一、学科课程总目标

根据《义务教育语文课程标准（2011年版）》的要求，我校语文学科课程的总体目标是：热爱祖国的语言文字，学会汉语拼音，正确识写3000个汉字。有浓厚的阅读兴趣，能够自然地朗读，结合生活环境运用多种阅读方式研读文本。阅读中有独特的感受、体验和理解，能够利用阅读期待、阅读反思和阅读批判等环节，拓展思维空间，提高阅读质量，养成终身阅读的习惯。让儿童通过阅读文本，体会、感悟祖国语言文字的深刻内涵和慧心至美，在语文的慧美世界中探索遨游，获得道德情操的升华与超越。能够借助多种媒体等新技术手段开展跨领域学习，通过观察、思考、表达和创造的方法，在实践中学习语文，流畅地运用语言文字进行表达。能够在真实的情境中倾听、表达与分享。

二、学科课程年级目标

根据课程标准的要求，结合我校语文学科课程总目标和一至六年级的学情，我们设置了具体的年级目标。以二年级上册课程年级目标为例。（见表2-1-1）

---

① 中华人民共和国教育部. 义务教育语文课程标准（2011年版）[S]. 北京：北京师范大学出版社，2011：1.

表 2 - 1 - 1 "慧美语文"二年级上册单元课程目标

单元	课 程 目 标
第一单元	共同目标： 1. 本单元要求认识的生字有 51 个，其中 4 个多音字的辨识是重点。会正确书写 30 个字，并做到书写工整。 2. 能正确、流利、有感情地朗读课文，学会借助课文插图了解课文内容。积累并运用表示动作的词。 3. 激发儿童对大自然的喜爱之情，并对大自然的奥秘产生好奇。 4. 能仿照例句，用加点的词语"有时候……有时候……""在……在……在……"练习说话。 5. 激发课外阅读兴趣，初步了解书的封面、书名、作者等基本信息，养成爱护图书的好习惯。 校本目标： 在"绘声绘色"校本课程中，能讲一种或一类有趣的动物，结合图片介绍它的外貌特征和生活习性。介绍时，按照一定的条理顺序清晰地介绍。听后可以提问或补充，对于不明白的地方，能有礼貌地交流。
第二单元	共同目标： 1. 本单元要求认识的生字有 62 个，其中 2 个多音字的辨识是重点，要求会写的生字有 40 个，能用部件归类法识字。同时结合图画和形声字的特点识字，了解形声字形旁表义、声旁表音的特点。 2. 了解数量词的不同用法，学会在生活情境中恰当地运用数量词。 3. 初步了解自然界树木的基本特点，通过儿歌了解四季农事，感受农民的辛勤劳作以及丰收的喜悦，能从文本中感受大自然的美，激发儿童对大自然的喜爱之情。 4. 阅读时遇到不认识的字会使用部首查字法查字典，养成主动识字的好习惯。 5. 朗读、背诵《语文园地》中的名言警句。 6. 朗读《十二月花名歌》，了解十二月花事，感受大自然的奇妙。 校本目标： 在"探寻字源"校本课程中认识基本的偏旁部首，并了解偏旁表意的作用。能根据偏旁表意的特点积累相同偏旁的汉字。
第三单元	共同目标： 1. 本单元要求认识的生字有 66 个，其中 4 个多音字的辨识是重点，能正确辨析与运用多音字。要求会写的生字有 38 个，会读写的词语有 29 个，了解词组的结构特点。 2. 正确、流利、有感情地朗读课文。能借助插图和关键词句理解课文，讲述大概内容。 3. 了解文本重点语句的意思，能用指定的词语写句子。学习用"一边……一边……"造句。 4. 写写自己喜欢的玩具。学习基本写作格式：题目居中，文章开头空两格，标点符号占一格等。 5. 学习制作阅读卡，收集课外阅读的好词好句，初步养成积累的好习惯。 校本目标： 在"探寻字源"校本课程中练习规范书写，书写时能注意间架结构的美观。

单元	课 程 目 标
第四单元	共同目标： 1. 本单元要求认识的生字有 65 个，其中 3 个多音字的辨识是重点，要求会写的生字有 38 个，养成在生活中主动识字的意识。 2. 学会联系上下文理解词句的意思，会用"像"练习说话。 3. 能读出古诗的韵律美，展开合理想象用自己的语言描绘诗句的大意，初步感受大自然的神奇、壮丽。 4. 能正确、流利、有感情地朗读课文，背诵课文重点段落。 5. 能发现文本语句的美，仿写句子。积累词语，并能够主动运用。 6. 阅读《画家乡》，感受家乡的美。 7. 学习写留言条。 8. 发现描写颜色的词语的构词规律，并积累相关的词语。 校本目标： 在"奇思妙想"校本课程中，儿童以手抄报的形式展示自己的家乡。学会调查、搜集有关家乡的资料，能介绍家乡的特产和风俗。通过交流，激发儿童认识家乡、了解家乡、介绍家乡的兴趣，产生对家乡的喜爱和赞美之情。
第五单元	共同目标： 1. 本单元要求认识的生字有 44 个，其中 3 个多音字的辨识是重点。会正确书写 24 个生字，做到书写美观。能根据字义猜偏旁，更深入地理解汉字形旁表义的特点。 2. 能分角色朗读课文和对话，并且能读出不同人物说话时的语气。 3. 联系生活实际，体会课文讲述的道理。结合课后题，体会语言表达的多样性，学习准确表达。 4. 学会用商讨的语气与他人沟通，能够完整、清晰地把自己的想法表达出来。 5. 积累带"言""语"的四字词语，能猜测词语意思。 6. 了解汉字"左短右长""右短左长"的间架结构，在田字格中练习规范书写。 7. 阅读《刻舟求剑》，和同学交流阅读后的感受。 校本目标： 在"唐诗宋词"校本课程中背诵古诗《江雪》。了解诗人柳宗元的创作故事，想象诗人冬天垂钓的清冷画面，体会诗人孤独、寂寞的心情。
第六单元	共同目标： 1. 本单元要求认识的生字有 55 个，其中 3 个多音字的辨识是重点。会正确书写 24 个生字以及 40 个词语。在生活中学习字词，认识常见的交通工具。 2. 根据语境读准多音字，学习多音字据义定音的方法。 3. 能通过重点词句，体会人物的性格特点。能根据课文内容进行复述。 4. 通过对文本的阅读，了解先贤与革命先辈们为了百姓的幸福生活而做出的伟大贡献。 5. 阅读民间故事《鲁班造锯》，学习鲁班的创新精神。 6. 积累一组励志名句，感受名句蕴含的道理。 校本目标： 在"绘声绘色"校本课程中学会有序观察图画，了解每幅图的意思，能按顺序讲清楚图意并连贯陈述一个完整的故事。学会倾听，知道别人讲的是哪幅图的内容。

第二章　自组织课程：过程与结果的生长

单元	课 程 目 标
第七单元	共同目标： 1. 本单元要求认识的生字有 47 个，其中 1 个多音字的辨识是重点，会正确书写 24 个生字以及 26 个词语。联系生活学习与自然风光有关的 4 组词语。 2. 正确、流利、有感情地朗读课文。背诵古诗《夜宿山寺》《敕勒歌》。学习默读，试着做到不出声。 3. 图文对照，想象画面，大致理解古诗的意思；想象说话，并在想象中续编故事，感受人物的精神品质。 4. 通过句子的对比，朗读与抄写好词好句，感受优美的语言表达，能将句子写具体。 5. 积累并运用描写天气的 8 个四字词语；学习拟人句，体会句子的趣味。 6. 观察图画，展开想象，续编故事。 7. 展示交流改正错别字的方法，复习巩固易错字。 8. 积累民谣《数九歌》。 9. 阅读绕口令《分不清是鸭还是霞》，感受绕口令的情趣。 校本目标： 在"唐诗宋词"校本课程中背诵积累古诗《夜宿山寺》和宋词《水调歌头·明月几时有》，初步了解宋词长短句的写作形式。
第八单元	共同目标： 1. 本单元要求认识的生字有 60 个，其中 2 个多音字的辨识是重点，会正确书写 32 个生字，做到规范书写。 2. 综合运用多种识字方法自主识字、自主阅读，读懂课文。 3. 通过学习故事内容，懂得应该怎样与人相处。 4. 了解拟声词，并根据语境，选择合适的拟声词放入句子中。 5. 了解左右结构的汉字中，左右宽窄、大致相等的书写要点，养成减少修改次数的书写习惯。 6. 积累含有动物名称的四字词语。 7. 阅读童话故事《称赞》，感受称赞给生活带来的快乐。 校本目标： 在"童话节"校本课程中练习讲故事，做到普通话标准，表达流利，语气和表情准确到位。通过讲故事比赛，培养儿童的口语表达能力和主动参与精神。

第三部分　学科课程框架

　　依据《义务教育语文课程标准（2011 年版）》的相关要求，我校结合周边环境文化与办学特色，围绕语文课程标准中的四个基本理念——"全面提高学生的语文素养，正确把握语文教育的特点，积极倡导自主、合作、探究的学习方式，努力建设开放而有活力的语文课程"，建立以下语文学科课程框架。

一、学科课程结构

我们以国家课程为基础，在淳美识写、启慧阅读、慧心写作、慧言交际、汇美综合五个方向进行课程构建，从而形成"慧美语文"课程群（见图 2-1-1）。

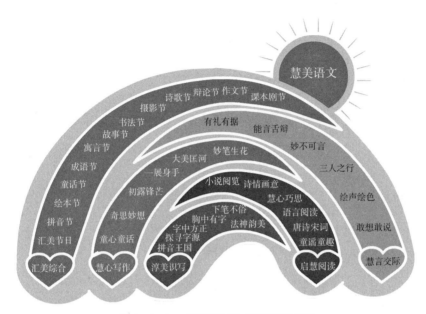

图 2-1-1 "慧美语文"课程群结构图

具体表述如下：

1. "淳美识写"重在激发儿童识字写字的兴趣，了解汉字的历史，引导儿童正确地运用汉字、规范地书写汉字，体会汉字的博大精深，进而热爱祖国的语言文字。

2. "启慧阅读"课程提供丰富的文本让儿童理解、领悟文字带给心灵的触动。在阅读大量文本的同时，掌握多种阅读的方法和技巧，为儿童的终身发展助力。

3. "慧心写作"利用学校周边环境文化，重视儿童的观察、感受和体验，注重表达的真实，利用多种活动激发儿童写作的热情。

4. "慧言交际"是听与说相互配合的过程，它能发挥儿童的主动性，通过创设情景，使师生、生生充分交流，并在交际中学会倾听、表达、转述及交谈。

　　5."汇美综合"以推广学校节日文化为契机，开展丰富多彩的语文实践活动。通过参与节日活动，儿童能够将语文知识和能力融会贯通，学以致用。

二、学科课程设置

　　在按要求完成十二册统编语文教材的教学之外，我校根据儿童学习需求，开发了丰富多彩的拓展课程（见表2-1-2），具体设置如下：

表2-1-2　"慧美语文"课程设置表

课程类别 年级		淳美识写		启慧阅读		慧心写作		慧言交际		汇美综合
		课程名称	课程内容	课程名称	课程内容	课程名称	课程内容	课程名称	课程内容	慧美节日
一年级	上学期	拼音王国	乐识拼音	童谣童趣	吟诵童谣	童心童话	标点家族	敢想敢说	说好普通话	拼音节
	下学期		拼读闯关		乐背童谣		美词好句		善听他人言	绘本节
二年级	上学期	探寻字源	横竖撇捺	唐诗宋词	韵味唐诗	奇思妙想	画中有话	绘声绘色	看图说故事	童话节
	下学期		追根溯源		乐唱宋词		爱想会写		我爱讲故事	成语节
三年级	上学期	字中方正	初探结构	寓言阅读	寓中有理	初露锋芒	所见所闻	三人之行	不耻下问	寓言节
	下学期		查字能手		寓言人生		读给你听		有商有量	故事节
四年级	上学期	胸中有字	趣识部首	慧心巧思	古文韵读	一展身手	病句诊断	妙不可言	口口相传	书法节
	下学期		书写能手		博古通今		书信达情		能说会道	摄影节
五年级	上学期	下笔不俗	书法鉴赏	诗情话意	诗歌抒情	大美匡河	匡河写生	能言舌辩	乐说敢言	诗歌节
	下学期		美字临摹		诗歌励志		匡河四季		七嘴八舌	辩论节
六年级	上学期	法神韵美	软硬兼修	小说阅览	名著感悟	妙笔生花	文思妙写	有礼有据	娓娓动听	作文节
	下学期		写意人生		书绘人生		童年拾贝		出口成章	课本剧节

　　"慧美语文"课程充盈着纯粹的语文元素，可以让儿童真切地感受到教师的睿智以及教学中弥漫着的浓浓的语文味。我校"慧美语文"课程从"慧美课堂""慧美赛事""慧美社团""慧美语文节""慧美研学"五方面入手，扎实开展课程实施，从而启迪儿童的智慧，滋养儿童的母语学习。

一、打造"慧美课堂"，让美好在课堂发生

　　学校通过课程教学让儿童体验汉字美、辞藻美、语言美、朗读美、创作美。利用校本教材情境与原有认知之间的相互作用，引导儿童探究文本，提高听、说、读、写能力。

（一）"慧美课堂"的内涵和实施要义

　　"慧美课堂"是通过教学来丰富儿童内心世界、健全儿童人格，是具有开拓知识、培养技能、提高审美能力的课堂。在"慧美课堂"中，儿童识写汉字感受文字美，阅读美文感受文章美，赏析古诗词感受诗韵美，分享心得佳作感受创作美。

　　实施"慧美课堂"教学，方向要明，任务要清，教师根据授课内容制定学习任务单，引导儿童自主学习。"慧美课堂"的教学方式要不断创新，教师通过集体备课、互相听课、反思教学以提高教学水平。学校对"慧美课堂"的监管要勤，教学质量的评价要准。为此，我校制定了以下实施细则：

　　1. 加强教研月的研讨活动。学科组长带领教师定期进行问题探究、教法尝新、"同课异构"等活动，充分利用各方面资源，始终以"慧美课堂"为核心，打造不同形式、不同风格的语文课堂。

　　2. 鼓励教师对课堂教学进行创新。通过"电子书包""翻转课堂"等技术以及多媒体资源的使用，让儿童对"慧美课堂"的学习充满期待。此外，"慧美课堂"能充分发挥儿童的主体性、创造性，通过启智训练，提高儿童的实际运用能力。

　　3. 渗透社会主义核心价值观。语文课堂的教学关注"道德美""人格美""言行美"的引导与建构。通过"慧美课堂"的学习，潜移默化地让儿童

树立起良好的道德情操。

（二）"慧美课堂"的评价标准

根据"慧美课堂"的特点，学校从教学目标、教学内容、教学过程、教学方法、人文情怀及儿童表现等方面，制定了"慧美课堂"评价标准（见表2-1-3），以促进教师专业发展，引领课堂发展方向。

表2-1-3 "慧美课堂"评价量表

评价项目	评 价 内 容	得分
目标切实（20分）	学习目标基于学科素养和课程标准，适合校情学情，具体明确，操作性强，体现知识技能、思想方法的统一，重点突出"慧美课堂"的美育功能。	
内容丰富（20分）	1. 学习内容情境化、生活化，加强语文课堂与生活的联系。 2. 写字教学能引导儿童主动关注汉字的演变，提高对汉字的审美能力，进而培养儿童养成规范书写、美观书写的习惯。 3. 阅读教学能引导儿童读出文字美、韵律美，使其感受语言文字的魅力。 4. 写作教学能写出心灵美，生活美，人文美。	
过程灵慧（20分）	1. 充分发挥教师的引领作用，突出学生的主体地位，通过汉字书写、阅读指导、写作品析等，让学生掌握语文素养。 2. 能根据学习内容，帮助学生灵活多样地选择恰当的学习方式，取得较好的学习效果。	
人文情怀（20分）	1. 通过学习文学经典，培养民族自豪感以及对中国传统文化的热爱之情。 2. 通过作品赏析，吸收人类文化的精华，提升道德修养，树立正确的价值观，培养儿童的社会责任感，充分发挥"慧美课堂"的德育功能。	
儿童表现（20分）	儿童能够在老师的带领下积极参与课堂，在老师富有智慧的教学方法的引领下主动学习语文。	
综合评价（100分）		

二、开展"慧美赛事"，展现儿童语文能力

学科竞赛，是学校沿袭已久的传统教学活动。开展"慧美赛事"，是将新课标、新理念融入丰富多彩的语文学科竞赛活动中，从而提高全体儿童的语文综合能力。

（一）"慧美赛事"的内涵和实施要义

我校"慧美赛事"有"汉字书写大赛""经典诵读比赛""课本剧表演赛""创意作文大赛"等。旨在通过"慧美赛事"激发儿童的学习兴趣，在比

赛中培养儿童勇于挑战自我及团队合作意识，让其获得成功的体验，促进儿童全面健康发展。

1. 淳美识写。书法是我国传统文化的瑰宝，书法教学也是"慧美语文"课程的重点内容之一。学校举行"汉字书写大赛"要求全体学生参加，由年级组统一书写内容及格式。目的是通过"汉字书写大赛"培养书法兴趣，让儿童书写规范汉字，发扬中华传统文化。

2. 启慧阅读。诵读中华经典，不仅可以弘扬我国优秀传统文化，还可以培养儿童诵读、讲解经典的能力，培养和提高他们的审美情趣、文化素养及语言文字应用能力。我校开展的"经典诵读比赛"以《中华诵·经典诵读活动读本》为主，也可选择爱国文本、唐诗宋词、小古文等题材进行诵读表演。"经典诵读比赛"以班级为单位，可一人或多人表演，不仅有配乐朗诵，还可以适当穿插书画展示、舞蹈、情景剧、武术表演等，形式不拘一格。通过"经典诵读比赛"，儿童能感受到节奏美、韵律美、语感美，这也是自信美的一种展示。

3. 慧言交际。为了让儿童更充分地理解、感悟课本内容，学校每学期开展"课本剧表演赛"活动。比赛选题以小学语文现行课本为主，也可以选取经典名著，要求在原文的基础上有所创新。比赛形式不限，可以编演课本剧，也可以编排校园情景剧、小品等。"课本剧表演赛"是让儿童尽情展现自我的舞台，既让儿童学得轻松、演得尽兴，也让其在实践体验中，感受合作的智慧与快乐。

4. 慧心写作。"创意作文大赛"旨在引导儿童观察生活、热爱生活，勇于表达自己的真情实感。作文的创意是否新颖，需要一定的文化积淀，只有具备了文学底蕴，才能活用典故，落笔成章。学校通过举行"创意作文大赛"，培养儿童的写作兴趣，促进其写作水平的提高。

5. 汇美综合。依据计划开展主题节日活动，组织全面，环节严谨，评价适宜，有一定的社会影响力。此环节既体现节日活动的趣味性，又有"慧美语文"的语文味，让节日活动和"慧美语文"有机融合，互为一体。

（二）"慧美赛事"的评价标准

"慧美赛事"活动用丰富多彩的语文学科竞赛活动，提高儿童的语文综合能力并使用以下评价量表多维度评价（见表2-1-4）。

表 2-1-4 "慧美赛事"活动评价量表

评价内容	评价标准	分值	得分
赛事方案	1. 赛事能结合学科和儿童的双重特点，能有效结合各年级课程目标开展。 2. 学生参与面广，教师在活动中起到一定的引导作用。 3. 方案制订详细，有具体的、可操作的细则和评分标准，赛事公平、公正。	20分	
赛事准备	赛前准备充分，能细化各环节分工，制订安全预案，保证赛事顺利完成。	10分	
赛事内容	1. 比赛内容明确，各环节衔接有序。 2. 比赛形式新颖，能调动学生参与的积极性。 3. 通过参加赛事，学生各方面有所收获。	30分	
赛事成效	1. 赛事有一定的感染力和吸引力，营造良好的赛事氛围。 2. 比赛面向全体，能兼顾到不同层次的学生。	30分	
学生表现	学生乐于参加各项慧美赛事，并能够灵活地将语言文字知识的习得运用到实际生活中。	10分	
总评		100分	

三、组织"慧美社团"，丰富儿童生活体验

为了丰富儿童的生活体验，培养儿童的审美情趣，提高儿童的文学素养，我校成立了丰富多彩的"慧美社团"，为儿童拓展了语文学习的领域，同时也为儿童的社会实践提供平台。在社团里，儿童不仅能获得知识，还锻炼了分工与合作、交际与沟通、组织与管理的综合能力。

（一）"慧美社团"的内涵和实施要义

我校"慧美社团"有"吟唱古诗词社""多彩国学社""翰墨飘香社""红领巾广播站"，引导儿童涵养文气，丰富底蕴，品味语文的灵慧与美好。

1. 吟唱古诗词社。学校开设"吟唱古诗词社"，旨在培养儿童诵读古诗词能力，接受古诗词文化熏陶。在"吟唱古诗词社"里，孩子们吟唱了苏轼的《水调歌头》、诗经中的《蒹葭》、屈原的《橘颂》以及张志和的《渔歌子》等中国古代经典诗词。每一堂课，孩子们都在讲故事中踏上学习古诗词之旅，从而喜欢上我国的传统文化。

2. 多彩国学社。"多彩国学社"旨在让学生通过诵读国学经典，感受祖国传统文化的魅力，体味语言文字的妙不可言。借古人智慧充实丰富自己，

提升修养，领略文字的韵律之美，感叹历史文化的厚重。每次的社团活动能做到一课一主题。社团的学习活动主要以与儒家经典为主，通过小组学习形式活动，以吟诵、表演、演讲、知识竞赛等形式来探讨交流，定期播放有关视频，调动学生学习兴趣和积极性，提高其参与度，使同学们在日常生活中自觉践行温、良、恭、俭、让，不断充实和丰富自己的学习生活。

3. 翰墨飘香社。书法教育有助于提高儿童的汉字书写能力，培养审美情趣，陶冶情操。"翰墨飘香社"由学校爱好书法的孩子们组成，旨在提高大家的欣赏能力、书写能力、艺术修养，在艺术和实用之间找到完美的结合点。通过学习基本笔画、偏旁部首、欣赏书法作品等方式，让孩子们感受书法艺术之美，以及汉字赋予我们的"以和为美"的民族精神。

4. 红领巾广播站。"红领巾广播站"作为校园的宣传媒体，既可以培养儿童的主人公意识，又能让儿童在播音中获得成功的激励。为增添学校的文化气息，学校广播站周一至周五每天晨读、午写前都会播送一篇文章或一首古诗词。广播站设立了"新闻直通车""知识百宝箱""美文共赏""故事驿站""小小保护伞"等栏目，儿童在交流聆听中丰富精神文化生活，以自身独特的视角和思维，阐述着广播的魅力，感受着语言的风采。

（二）"慧美社团"的评价标准

为保证社团成员"个个多彩，人人出彩"，特制订相应的活动评价标准（见表2-1-5），主要从社团规划、社团管理、社团实施、学生表现等维度进行评价。具体评价细则如下：

表2-1-5 "慧美社团"活动评价量表

评价内容	评价标准	分值	评价方式	得分
社团规划	1. 课程设计从儿童的真实需求出发，形式生动，让儿童乐于参与其中。	10分	查看场地，查看资料	
	2. 社团招募面向全体学生，做到公平、公正、公开。社团活动有固定的场所。	10分		
社团管理	1. 辅导老师到岗及时，组织规范，无安全管理事故。	10分	成员访谈，查看记录	
	2. 各项管理制度健全，每学期课程安排有计划，有过程记录，有总结。	10分		

自组织课程：语文学科课程群新视角

评价内容	评价标准	分值	评价方式	得分
社团实施	1. 社团课程内容丰富多样，各期活动主题明确，能充分调动学生参与的积极性。	20分	成员访谈，查看记录	
	2. 能充分展现社团的特色，与学科教学紧密联系。	10分		
学生参与	1. 社团活动丰富多彩，学生乐于参加并主动学习，学生通过社团活动知识与技能有一定提升。	20分	听取汇报，查看资料	
	2. 课程有一定的影响力，学生与家长美誉度高。社团成员相对固定。	10分		
总评		100分		

四、创设"慧美语文节"，丰富校园活动

为了丰富孩子的校园文化生活，学校将每年的十二月定为"慧美语文节"，旨在以此为契机，引导儿童感受语文的乐趣，快乐展示自我。

（一）"慧美语文节"的内涵和实施要义

"慧美语文节"通过举行丰富多彩的活动，展现儿童的语文综合素养，包括识字写字、语言积累、口语交际、思维创作等能力。"慧美语文节"活动有五个主题，分别为淳美识写、启慧阅读、慧心写作、慧言交际、汇美综合。每一周每个年级都围绕同一个主题，根据不同的学情，设置不同的活动内容。最后一周，根据前四周的活动内容，进行综合汇报。以一年级活动为例：

第一周：淳美识写，夯实基础，写规范字。一年级是识字写字的初始阶段，为了给儿童打好写字基础，在"慧美语文节"的第一周开展写铅笔字比赛。以班级为单位，全体学生参加，要求把字写正确，尽量把字写得美观。

第二周：启慧阅读，诵读大比拼。诵读大比拼活动以班级为单位，从《三字经》《日有所诵》《小学生必背古诗70首》和本学期所学课文中任选篇章，组织儿童开展朗读比赛。以此来训练儿童正确、流利、有感情地朗读。

第三周：慧心写作，书香伴我成长。儿童在家长的帮助下制作手抄报，内容可以选择自己阅读过的一本课外书，或者向别人推荐一本好书。

第四周：慧言交际，故事大王就是我。通过组织讲故事比赛、口语交际表演活动，培养一年级孩子的口语表达能力和主动参与精神，在活动中充分

体现"我阅读，我成长，我快乐"。

（二）"慧美语文节"的评价标准

一个好的课程实施，必须有一套系统的评价方案与之相配合，这样才能使其发挥出最好的作用。"慧美语文节"的评价维度分为四大类别：活动开展、内容丰富、儿童表现、活动效果。（见表2-1-6）

表2-1-6 "慧美语文节"评价量表

活动名称		活动年级	
负责老师			
评价内容	评 价 标 准		得分
活动开展 （30分）	1. 活动内容生动有趣，体现人文性，能激发儿童参与的热情。 2. 活动贴近生活，具有创新性。 3. 活动具有开放性，有助于儿童全面发展。		
内容丰富 （20分）	1. 内容符合各年级课程目标设置。 2. 知识有一定的拓展性，儿童在积极参与活动的同时，也拓展和丰富自己的知识。		
学生表现 （20分）	1. 在活动中，学生充分发挥自己的主观能动性。 2. 能够满足活动的要求，学生在获得知识的同时，也得到丰富情感。		
活动效果 （30分）	1. 整个活动开展流畅，各个环节衔接紧密。 2. 不仅学生通过活动得到能力的提升，老师也能从活动有一定的收获。		
综合评价 （100分）			
评价人			

五、推行"慧美研学"，让语文学习更生动

学校本着"读万卷书，行万里路"的教育理念和人文精神，开展"慧美研学"。通过让儿童走出校园，引导儿童将语文课堂延伸到社会实践，在参观游览、汇报解说、实践探究的过程中，学习新知、解决问题，从而培养其实践能力，推动素质教育的实施。

（一）"慧美研学"的内涵和实施要义

"慧美研学"是以研学旅行活动为载体，借助于校园周边资源、教育基

地活动与社区资源开展校外教育，释放孩子天性和求知精神，进而达到语文综合能力提升的体验式课程。我校的"慧美研学"包括"红色之旅""花鸟世界""匡河人文"三个主体活动。

1. 红色之旅。学校携手合肥市红色教育基地，开设红色之旅。经过实地调研，确定以位于合肥市滨湖新区的渡江战役纪念馆为"慧美研学"的固定研学路线，整个活动按年级设置不同研学目标和内容。（见表2-1-7）

表2-1-7 "红色之旅"活动设置表

年级	研学内容	研学目标
一年级	听红军故事，诵读古诗	了解家乡，了解渡江战役中英雄人物的故事。
二年级	参观浮雕，讲革命故事	了解渡江战役的经过，并搜集故事说给同学、老师、家人听。
三年级	缅怀先烈，设计参观路线	观察渡江战役纪念馆结构分布，为游客设计参观路线图。
四年级	采访讲解员，记录游客心声	听解说员讲解并勇于提问，采访游客并记录他们的参观心得。
五年级	寻访历史，解说渡江战役	搜集渡江战役的历史资料，写一段解说词，当一回解说员。
六年级	回顾革命历史，写作抒怀	搜集参加渡江战役的革命英雄事迹，感受革命先烈的战斗精神，写一篇缅怀先烈的文章。

2. 花鸟世界。学校依据便利的地理位置，将学校一路之隔的海卉花市作为研学资源，开展"慧美研学"活动。活动内容丰富多样，有"植物观察日记""花卉物语""鸟类知识问答""我爱大自然""家有萌宠"等。儿童通过在海卉花市的探究与学习，了解动植物的相关知识，树立环境保护意识，提高语文综合能力。

3. 匡河人文。儿童亲近自然才能了解自然，学校利用校园附近的匡河，设置了一系列匡河人文研究的课程。这些探究活动以"慧美研学"的形式予以实施，具体设置如下（见表2-1-8）：

表2-1-8 "匡河人文"课程设置表

年级	研学内容	研学目标
一年级	美丽匡河	走近匡河,欣赏匡河沿岸风光,说出你发现的美。
二年级	匡河边的植物	调查匡河边植物的种类,说说绿化匡河的建议。
三年级	河水清清	观察匡河的水质及水中生物,写《保护匡河倡议书》。
四年级	话说匡河	了解匡河的发源与流经路线,当一回"匡河解说员"。
五年级	匡河边的居民	采访匡河边的居民,了解匡河的作用,写下你的调查发现。
六年级	匡河文化	了解匡河周边的人与事,写作歌颂家乡的变化。

(二)"慧美研学"的评价标准

"慧美研学"采用多种方式进行评价(见表2-1-9),如教师评价与学生的自评、互评相结合,小组的评价与组内个人的评价相结合。小组之间开展经验交流与成果展示等,从而激发儿童对语文的学习热情。

表2-1-9 "慧美研学"评价量表

评价项目	评价标准	优秀	良好	合格
倾听与交流	1. 学生能明确研学研究的目标。			
	2. 学生能认真倾听和理解别人的想法。			
团队与协作	1. 活动分工是否合理。			
	2. 活动记录是否详实。			
	3. 遇到困难是否有解决方法。			
	4. 研究的结果是否满意。			
展示与评价	1. 活动形式多样,引人入胜。			
	2. 内容全面,有所启发。			
反思与收获	1. 学生能够提出有一定研究价值的问题。			
	2. 学生能够及时梳理收获,总结经验。			

总之,"慧美语文"课程的开发,遵循了科学、生活、兴趣和文化与"多彩教育"课程理念结合的原则,关注儿童语文素养的养成,希冀引导儿童徜徉在语文的美好世界中,感知文字美、文化美、思维美,体会语言文字和思想文化的智慧与美好,从而使儿童具有美的理想、美的情操、美的品格和美的文化涵养。

(撰稿人:孙燕 白玉梅 吴燕 孙明原 王婷婷)

第二节

三味语文：让语文味在儿童心田留香

合肥市蜀新苑小学语文教研组现有教师 23 人，其中高级教师 1 人，一级教师 8 人，合肥市学科带头人 1 人，合肥市骨干教师 1 人。多年来教研组全体教师工作认真严谨，团结协作，潜心钻研教育教学，积极参与各类教学评比活动，先后获得多项荣誉。其中获国家级创新课堂教学评比二等奖 2 人，另有多名教师在市区级语文课堂教学评比中荣获一、二等奖。 2018 年，我校语文教研组被蜀山区教育体育局评为"先进教研组"。

第一部分　学科课程哲学

学科课程基于儿童本位出发，重视儿童的自我知识建构，致力于培养学生的综合能力，不断提升学生的综合素养，为学生的全面发展和终身发展奠定坚实的基础。

一、学科课程价值观

《义务教育语文课程标准（2011 年版）》指出："语文课程是一门学习语言文字运用的综合性、实践性课程。义务教育阶段的语文课程，应使学生初步学会运用祖国语言文字进行交流沟通，吸收古今中外优秀文化，提高思想文化修养，促进自身精神成长。"① 基于这种认识，我们认为语文课程的核心价值是教导学生学习祖国语言文字，促进儿童精神成长。因此，小学语文课堂应以学生为本，开展顺应儿童天性发展的语言文字教学活动。

二、学科课程理念

立足儿童身心发展特点，依据《义务教育语文课程标准（2011 年版）》文件精神，我校结合本校语文学科的实际情况及学情，提出以"三味语文"为核心的语文学科课程理念。

"三味语文"旨在培养儿童通过语文课程的学习，可以多角度进行思考和实践，与时代相结合，与自身发展相关联，汲取文化营养，发展语言，塑造人格，提升发现美、发展美、创造美的综合能力。

"三味语文"第一味是"语文味"。"语文味"就语文课程本身而言，是锻炼儿童的听说读写能力，使儿童能得心应手地运用汉语交流，并在这一过程中提高语文素养，丰富精神世界。

"三味语文"第二味是"儿童味"。"儿童味"指语文课程应以儿童为主体，树立儿童本位的思想，从儿童的角度解读文本，尊重每个孩子天真、质朴的思考，让儿童自由地展开想象的翅膀，真正成为学习的主人。

"三味语文"第三味是"生活味"。"生活即语文"，"语文即生活"。让语文课堂与社会生活相融合，让学生在生活中感受语文，在语文中联系生活，使儿童体验具有生活味的语文，最终达到"语文生活化"和"生活语文化"的理想境界。

综上所述，"三味语文"是追求真实自然的语文课程，扎根基础、尊重儿童、服务生活，带领儿童发现日常生活中的真善美，重视学习与生活紧密相连，以"润物细无声"的方式，培育儿童的生命情怀，丰盈儿童的灵魂，健全儿童的人格，让语文之根在儿童的心里萌芽，在心中生长。

① 中华人民共和国教育部. 义务教育语文课程标准（2011 年版）［S］. 北京：北京师范大学出版社，2012：2.

第二部分　学科课程目标

《义务教育语文课程标准（2011 年版）》指出："语文课程致力于培养学生的语言文字运用能力，提升学生的综合素养，为学好其他课程打下基础；为学生形成正确的世界观、人生观、价值观，形成良好的个性和健全的人格打下基础；为学生的全面发展和终身发展打下基础。"① 由此可见，语文课程必须面向全体儿童，使他们获得基本的语文素养。

我校从《义务教育语文课程标准（2011 年版）》"全面提高全体儿童的语文素养"这一基本理念出发，梳理了学科课程的总体目标和年段目标。

一、学科课程总体目标

依据《义务教育语文课程标准（2011 年版）》，我校"三味语文"课程从识字与写字、阅读、习作、口语交际、综合性学习五方面入手，结合我校实际情况，制定了总体目标。

1. 识字与写字。培养儿童浓厚的学习汉字的兴趣，引导儿童在生活中多途径、多方法、多渠道认识汉字；能掌握汉字的基本笔画和书写规律，正确、工整、美观地书写汉字，并有一定的速度；养成良好的书写习惯，初步感受汉字的美。

2. 阅读。激发儿童的阅读兴趣，引导儿童扩大阅读面，增加阅读量。学会朗读和默读，逐步掌握精读、略读和浏览的方法；在阅读中能了解文章的表达方法，体会作者的表达情感，并能够提出自己的看法和见解；经常开展各类读书专题活动，创设良好的阅读氛围。

3. 习作。引导儿童学会观察身边事物，积累写作素材，乐于表达。能具体明确、文从字顺地写出自己的心里话，从而增强习作自信心，不断提高习作水平；合理利用信息技术与网络的优势，丰富写作形式，鼓励儿童有创意地表达真情实感。

① 中华人民共和国教育部. 义务教育语文课程标准（2011 年版）[S]. 北京：北京师范大学出版社，2012：1.

4. 口语交际。选择贴近儿童生活情境的话题，运用灵活多样的教学方法，提高儿童的口语交际能力。引导儿童学会倾听，敢于表达，乐于交流；鼓励儿童积极参与各科学习活动和享受日常生活，勇于交流，锻炼口语交际能力。

5. 综合性学习。让语文与生活有机结合，从生活入手，拓展语文实践活动，引导儿童观察大自然，走进生活大课堂，培养儿童的综合运用能力。

二、学科课程年段目标

根据《义务教育语文课程标准（2011 年版）》的要求，立足于语文学科课程总体目标，结合我校"三味语文"的学科课程理念，从儿童的学情出发，我校分年级、分学期、分单元制定了语文学科课程年段目标，这里以二年级下册为例（见表 2 - 2 - 1）说明单元课程目标的设计。

表 2 - 2 - 1　"三味语文"二年级下册单元课程目标表

单元	课 程 目 标
第一单元	共同目标： 1. 认识 63 个生字、1 个多音字，会写 34 个字，会写 31 个词语。 2. 正确、流利地朗读课文，能注意语气和重音。背诵《古诗二首》和《赋得古原草送别》（节选）。 3. 能用自己的话说出诗句描述的春天美景；了解课文内容，能说出孩子们找到的春天是什么样；能借助插图，说出邓爷爷植树的情景。 4. 用心感受春天的美好，并乐于表达对春天的赞美。 5. 在生活中能用恰当的语气与人友好交流。 校本目标： 在"童眼看春天"校本课程中，根据本单元的主题"春天"，可安排一次"找春天"的语文实践活动，如"找春天的足迹""颂春天的诗会""讲春天的童话""播报春天的故事"等。
第二单元	共同目标： 1. 本单元要求认识的生字有 54 个，辨识 1 个多音字，会正确书写 27 个字，会写 30 个词语，能做到书写工整。 2. 能读好问答形式的儿童诗《雷锋叔叔，你在哪里》，能默读《千人糕》，能试着有感情地朗读《一匹出色的马》。 3. 敢于大胆猜测词语的意思，积累学习方法，学以致用。 4. 读句子，想象画面，能联系生活经历或生活体验用自己的话说说画面内容。 5. 懂得关心帮助他人，珍爱劳动成果，与家人相亲相爱。能积累关爱他人的谚语。

单元	课 程 目 标
	6. 能根据提示，写自己的一个好朋友。 校本目标： 在"儿童故事会"的校本课程中，根据本单元主题"关爱"，开展一次"关爱他人"的儿童故事会，引导儿童在讲故事、听故事中悟故事的道理，故事会后，可引导儿童制作关爱谚语小书签，同学间互相赠送。
第三单元	共同目标： 1. 本单元要求认识的生字有 69 个，辨识 2 个多音字，会正确书写 36 个字，会写 36 个词语，能做到书写工整。 2. 能利用声旁、形旁与字义的联系、借助图片识字。 3. 朗读《神州谣》《"贝"的故事》，能背诵《传统节日》，初步感受祖国壮美的山河和中国悠久的优秀传统文化，能按顺序背诵十二生肖，初步了解生肖文化。 4. 能讲汉字"贝"的故事，初步感受汉字的魅力。 5. 能把自己长大后想干什么说清楚，简单说明理由；学会倾听，礼貌提问。 校本目标： 在"识形声字"的校本课程中，根据本单元"传统文化"主题，开展"火眼金睛识汉字"活动，可以把形声字归类，美食烹饪方法一类，名山大川一类……让儿童在活动中感知形声字声旁表音、形旁表义的特点，引导儿童在生活学习中通过形声字去认识汉字，从而激发儿童对汉字的浓厚兴趣。
第四单元	共同目标： 1. 本单元要求认识的生字有 59 个，辨识 2 个多音字，会正确书写 34 个字，会写 37 个词语，能做到书写工整。 2. 正确、流利地朗读课文，学会高效的默读方法。 3. 乐于大胆表达对文本内容的体会。 4. 敢于大胆想象，仿照文本内容，自由练写；能根据文中提示，用上提供的词语续编故事。 5. 能积累与诚信有关的名言。 校本目标： 在"儿童故事会"的校本课程中，根据本单元"童心"主题，开展"童心向党——我最爱的儿童故事"讲故事比赛，在活动中用故事浸润心灵，丰富儿童的想象力。
第五单元	共同目标： 1. 本单元要求认识的生字有 51 个，辨识 2 个多音字，会正确书写 26 个字，会写 27 个词语，能做到书写工整。 2. 正确、流利、有感情地朗读课文。分角色朗读《小马过河》。 3. 能说出"亡羊补牢""揠苗助长"两个成语的意思，复述《小马过河》的故事。 4. 能根据课文内容，说出自己的简单看法。可以从故事的不同侧面谈感受或联系实际谈事例以内省。 5. 比较句子的不同，能体会句子加上"赶紧""焦急地"等修饰词语后的好处。 6. 背诵从《弟子规》中节选的内容。 校本目标： 在"借书守公约"的校本课程中，注重在课堂谈论中引导儿童养成喜欢读书、爱护图书的习惯。将儿童集思广益的智慧以"班级图书公约"的形式张贴于图书角并共同遵守，从而培养学生遵守公约的意识。

单元	课　程　目　标
第六单元	共同目标： 1. 本单元要求认识生字 51 个，辨识 1 个多音字，会正确书写 34 个字，会写 34 个词语，能做到书写工整。 2. 能说说诗句描绘的画面；能在语境中体会"压、垂、挂"等词语运用的好处；能拓展积累词语，抄写句子。 3. 读课文，能提取主要信息，说出雷雨前后景色的变化，"天然的指南针"怎样帮助人们辨别方向和太空生活中的趣事。 4. 能背诵《古诗二首》《雷雨》《悯农（其一）》。 5. 能仿照例子，把自己对大自然的疑问写下来。 校本目标： 在"儿童故事会"的校本课程中，根据本单元"大自然的秘密"主题，开展"大自然的问号"儿童故事会，重视课前的准备工作，搜集名人的小故事，在活动中培养儿童"会问好问"的优良习惯，结合写话让儿童将问的内容写下来，以图文结合的形式呈现，在学与问的过程中增强孩子的口语表达能力及写话能力。
第七单元	共同目标： 1. 本单元要求认识生字 60 个，辨识 5 个多音字，会正确书写 33 个字，会写 35 个词语，能做到书写工整。 2. 正确、流利地朗读课文，能读好问句，能分角色表演《青蛙卖泥塘》。能背诵《二十四节气歌》，通过课下阅读二十四节气绘本图书加深对传统节气知识的了解。 3. 学会根据课文内容大胆表达自己的看法，能根据关键词句讲故事。 4. 能根据课文内容，展开想象。 5. 写清楚自己想养小动物的理由。 校本目标： 在"儿童故事会"的校本课程中，根据本单元"改变"主题，开展"蜘蛛开店（续编）"讲故事比赛，让儿童在续编故事中感受蜘蛛的改变，联系自身，明白做人做事的道理。
第八单元	共同目标： 1. 本单元要求认识生字 43 个，会正确书写 26 个字，会写 36 个词语，能做到书写工整。 2. 能结合语境体会表示动作的词语的恰当运用。 3. 借助想象，感受课文内容，大胆表达自己的想法。 4. 默读课文，能根据表格的提升讲《羿射九日》的故事，能就自己觉得神奇的内容和同学交流。背诵古诗《舟夜书所见》。 5. 能区分偏旁相似的汉字表示的意思。 校本目标： 在"形声字巧识字"的校本课程中，通过偏旁归类的方式，引导儿童利用形声字的构字规律了解字义、识字字形，学会"举一反三"的学习方法，借助课后生字表寻找更多形声字。

第三部分　学科课程框架

基于"三味语文"的学科理念、课程目标以及我校儿童的学情，我们设置了"三味识写""三味阅读""三味写作""三味交际""三味探究"五部分内容。

一、学科课程结构

根据《义务教育语文课程标准（2011 年版）》的要求，贯彻"全面提高学生的语文素养"的理念，以儿童兴趣为起点，寓教于乐，真正意义上拉近儿童与语文的距离，做好语文的启蒙教育，同时围绕本校学科课程总目标和1—6 年级的学情，将语文课程结构分为五个部分（见图 2 - 2 - 1）。

图 2 - 2 - 1　合肥市蜀新苑小学语文学科课程结构图

具体表述如下：

1. "三味识写"是引导儿童在自身熟悉的语言环境中，融合生活经验，激发儿童识字写字的兴趣，了解和探索汉字的演变，引导儿童正确地书写汉字，体会汉字的博大精深，激发儿童热爱汉字的情感。

2. "三味阅读"旨在引导儿童在阅读过程中，养成良好的阅读习惯，关注自我情感体验。让儿童在多种阅读实践活动中感悟语言魅力，掌握阅读方法，提升阅读素养，浸悟美好情感，感受深刻思想，从而全面发展。

3. "三味写作"是引导儿童用发现的眼光从生活中寻找素材，多角度观察生活，形成自己独特的感受，力求自由和有创意地表达，让儿童易动笔、乐表达。

4. "三味交际"是听与说的综合运用，是儿童将语文灵活地运用于生活的重要载体。启发儿童友好地与他人进行沟通与交流，发挥儿童的主动性；积极创设真实的情境，引导儿童学会耐心倾听，提高口语交际能力。

5. "三味探究"是依托语文学习开展多种多样的实践活动，充分发挥儿童的主观能动性，探索自然，走进社会，使儿童能够躬身实践，加强语文课堂与生活之间的联系。

二、学科课程设置

根据《义务教育语文课程标准（2011年版）》的阶段性和发展性要求，我校将语文学科课程进行了系统设置。（见表2-2-2）

表2-2-2　合肥市蜀新苑小学"三味语文"课程设置表

年级	课程类别	三味识写	三味阅读	三味写作	三味交际	三味探究
一年级	上学期	拼音王国	亲子读绘本	贺卡寄情	我们做朋友	亲近大自然
	下学期	笔画练写	童谣知童味	学写通知	我会打电话	巧手画四季
二年级	上学期	字谜识字	儿歌诵童趣	我会留言	有事好商量	畅游海洋馆
	下学期	识形声字	儿童故事会	看图说话	借书守公约	童眼看春天
三年级	上学期	辨形近字	童话促想象	日记留痕	小事明大义	探秘非遗文化
	下学期	描摹字形	寓言明事理	实验纪实	趣味故事会	话传统节日
四年级	上学期	硬笔书写	神话创造美	观察日志	我来安慰人	探寻徽文化
	下学期	妙写成语	科普增见闻	快乐游记	转述有艺术	写诗小达人
五年级	上学期	故事识字	民间故事会	好书推荐	我想对您说	官亭林海游
	下学期	追根溯源	读古典名著	读后感	小小讲解员	汉字交流会
六年级	上学期	笔歌墨舞	小说促成长	多彩生活	站上演讲台	寻红色足迹
	下学期	书法赏析	品世界名著	故事梗概	精彩辩论赛	一起来策划

第四部分　学科课程实施与评价

　　"三味语文"追求真实自然的语文课堂，重视学习与生活紧密相连，引导儿童感悟语言文字的魅力。"三味语文"通过构建"三味课堂"，举办"三味语文节"，创建"三味社团"，开展"三味之旅"，推行"三味赛事"等多种途径，依据学情，以生为本，由浅入深，分年级、分学期推进课程实施。

一、构建"三味课堂"，彰显语文学习魅力

　　"三味课堂"是回归语文学科本位，充满语文味的课堂；是"以生为本"，滋养童心的课堂；是注重生活情境，自然真实的课堂。"三味课堂"着眼于儿童的全面发展，教师要树立基于教材，又高于教材的大局观，想儿童所想，学儿童所学，做儿童所做。

　　"三味课堂"是有趣、有味、有生活的课堂；是尊重儿童，注重儿童全面发展的课堂。课堂中强调儿童的主体地位，注重儿童个性化的体验，让儿童学会在生活中学语文，在语文中感受生活。具体实施如下：

　　1. 努力探究，加强教研。根据部编版教材的全新设计思路以及我校各年级学生的学情，语文教研组制定了我校的"三味课堂"教学目标。在每周的教研会上，语文组教师就围绕目标如何有效开展"三味语文"教学进行研讨，同时开展"同课异构"、课例点评以及集体备课等活动，努力提升"三味课堂"的教学质量。

　　2. 围绕"三味"，灵动推进。"三味课堂"重视课堂生成的"语文味""儿童味"和"生活味"。"语文味"通过听说读写的活动来具体展现，教学中，教师通过现代信息技术的辅助，创设生动形象的情境，激发儿童的语文学习兴趣，在活动中锻炼儿童的语文学习能力，从而提高儿童的语文素养。学习语文的过程也是感受生活的过程，所谓"生活处处有语文"，培养儿童的观察能力。从儿童出发，开展具有"儿童味"的各种语文活动，让儿童在体验中感知语文。

　　3. 创新模式，促生成长。"三味语文课堂"积极打造创新课堂模式，鼓励教师采用多种教学模式，调动儿童学习的兴趣和积极性。在"三味语文

课堂"在教学过程中，教师尝试让儿童从被动参与者变为学习的制定者、实施者、评价者。在课堂教学中，重视小组合作学习，强化儿童之间的沟通和交流，同时注重儿童探究和实践能力的培养，为学生的终身发展夯实基础。

二、举办"三味语文节"，丰富语文课程内容

"三味语文节"以一系列丰富多彩的语文学科活动为载体，引导儿童关注传统文化，亲近华夏文明，带领儿童走进语文斑斓的天地，徜徉在语文多彩的花园里，使儿童在实践活动中丰富对语文学习的感性认识，让校园充满浓浓的语文味。

"三味语文节"内容设置丰富多彩，根据儿童年龄特点设计各学段个性内容，如低年级的"绘本节""故事节"，中高年级的"书法节""经典诵读"等。

"三味语文节"充分利用校园橱窗、走廊环境，张贴名人故事、趣味语文等内容，同时展示儿童优秀活动作品和精彩活动瞬间，使儿童在浓厚的语文学习氛围中感受语文的魅力，从而爱上语文。（见表2-2-3）

表2-2-3　合肥市蜀新苑小学"三味语文节"活动安排表

节日名称	年段	时间安排	活动形式	活动目的和意义
绘本节	一至二年级	3月	亲子阅读	通过在班级开展亲子阅读活动，培养低年级孩子的阅读兴趣。
阅读节	三至六年级		阅读活动展示	通过开展名著阅读活动，拓宽儿童的阅读面，丰富阅读体验。
识字节	一至三年级	5月	词语听写	通过在班级开展词语听写活动，促进低年级儿童提高识字能力和增加词汇量。
书法节	四至六年级		书法展示与交流	通过组织儿童开展书法比赛活动，倡导儿童书写规范汉字，强化儿童的身心修养。
精彩故事会	一至三年级	10月	讲故事活动	通过组织儿童开展讲故事活动，锻炼儿童的口语表达能力。
经典诵读	四至六年级		诵读展示	通过组织儿童诵读中国经典古诗文，潜移默化地对他们进行传统美德教育，使其继承和发扬我国传统文化。

节日名称	年段	时间安排	活动形式	活动目的和意义
课本剧小达人	一至三年级	11月	课本剧展示	通过开展课本剧表演活动，让儿童增强对课文内容的理解，培养创新能力。
"魔法"作文	四至六年级		展示交流	通过开展作文比赛活动，激发儿童写作兴趣，提高写作水平。

三、创建"三味社团"，享受语文学习的快乐

社团活动是学校素质教育的重要载体，是语文课堂教学的拓展延伸。为了进一步激发儿童学习语文的兴趣，培养儿童良好的语言习得能力和文化素养，我校语文组经过精心策划成立"三味语文社团"，旨在丰富儿童的课余文化生活，为儿童自主、合作、探究学习提供平台，使其感受语言文字的美好，体验学习语文的快乐。

"三味社团"根据儿童的不同年龄段、不同爱好而开设。为儿童提供多样化、个性化的自由展示空间，张扬个性，享受语文学习带来的快乐。结合学校语文节，通过校园广播、宣传栏、黑板报等形式，进行多方位宣传，使儿童在潜移默化中受到熏陶和感染。同时，语文组在校本课程成果汇报中推出优秀作品，参加各级各类比赛，培养和提高儿童组织、策划、参与活动的能力，提升儿童的综合素养。（见表2-2-4）

表2-2-4　合肥市蜀新苑小学"三味语文社团"课程安排表

社团名称	时间安排	课程内容	参加年级
乐读绘本社团	每周四15：45—16：35	带领儿童轻松快乐地读适宜的绘本，玩味绘本，通过一本本绘本、一幅幅图片、一个个动人的故事，培养孩子热爱阅读的好习惯，培养丰富的想象力和创造力。	一、二年级
小小书法家社团（铅笔）		引导儿童掌握正确的书写姿势和书写要领，培养儿童良好的书写习惯。	一、二年级
小小书法家社团（硬笔）		使儿童进一步认识汉字结构，学会分析汉字的间架结构，加强汉字书写的练习，提升书写能力和鉴赏能力。	三、四年级
七色光课本剧社团		在课本剧的表演过程中，提升儿童的语言表达、舞台展现、团队协作等能力。	三到五年级

社团名称	时间安排	课程内容	参加年级
墨韵飘香社（软笔）		加强软笔书法的练习，培养儿童良好规范的书写姿势，加深儿童对汉字的审美与鉴赏，使其修身养性，陶冶情操，感受汉字之美，增强儿童的民族自豪感。	三到六年级
蓓蕾文学社		开设文学小讲堂，提高语言文字的鉴赏能力；开展"妙笔生花"写作秀，激发儿童的写作热情。展示个人文学风采，增强儿童之间的交流，营造良好的文化氛围。	三到六年级
经典诵读社		组织儿童诵读中华经典古诗文，激发儿童阅读古诗文的兴趣，感受中华民族优秀传统文化，增长见识，开阔视野，增强民族自豪感和归属感。	四到六年级
"金话筒"主持人		通过诵读、绕口令练习、主持人基本素养训练等方式，培养儿童的舞台表现力、语言表达及现场应变等能力，从而提高儿童的整体素养。	五、六年级

四、开展"三味之旅"，让语文课程回归生活

"三味之旅"是指研学游，我校结合自身实际，每年春秋两季都会组织研学游活动，让儿童从校园走向社会，带着探索的眼光从大自然中认知语文，增强儿童的社会适应能力，培养儿童热爱大自然、热爱社会的责任心。

"学以致用"是语文学习的根本目标，通过形式多样的社会实践拓展活动，可以使学生有效地将语文学习融入到日常生活中去，从"书本语文"转向"社会语文"。充分调动儿童的感官，将听、说、读、写融合在一起，发挥儿童的综合能力，使其从社会中感受语文、爱上语文。（见表2-2-5）

表2-2-5 合肥市蜀新苑小学"三味语文之旅"课程设置表

年级	课程主题	学习任务
一年级	亲近大自然	带领儿童走进四季花海、大蜀山，观察花草树木，感受大自然的魅力，培养儿童热爱大自然和环境保护意识，萌发爱家乡的情感。
二年级	畅游海洋馆	带领儿童走进合肥海洋世界，帮助其更加深入地了解海洋动物知识。
三年级	探秘非遗文化	引领儿童到中国非物质文化遗产园，让儿童在玩中学，在实践中体验不同的自然和人文环境。

年级	课程主题	学 习 任 务
四年级	探寻徽文化	带领儿童走进安徽省博物馆，让其了解安徽的历史发展，感受徽文化。
五年级	官亭林海游	在官亭林海森林课堂中，让儿童与大自然"亲密"接触，在活动中体验团结互助的乐趣。
六年级	寻红色足迹	参观渡江战役纪念馆、名人馆，带领儿童重温红色记忆，追寻红色足迹。

五、推行"三味赛事"，激发儿童语文学习的兴趣

"三味赛事"是指为促使儿童亲近中华优秀传统文化，激发儿童学习语文的兴趣，我校每年都会举行讲故事、课本剧、创意作文大赛等各类比赛，以赛促学，帮助儿童进一步领会汉语言文学的独特魅力。

1. 我会讲故事。为了丰富儿童的课余文化生活，培养儿童爱阅读的良好学习习惯，提高他们对于语言文字的感悟、表达、创新能力，特开展"我会讲故事"比赛活动。让每位儿童都能感受阅读的乐趣，体验表达的喜悦。一、二年级各班按要求在本班内开展初赛，每班推选 2 名优秀选手，参加学校决赛。讲故事比赛注重儿童语言能力的培养，从故事内容、表达能力、表演技能、仪表形象等四个方面进行评价。

2. "我会演课文"课本剧比赛。课本剧是一种舞台的故事表现形式，儿童可以将一篇课文精彩的情节表演出来。在表演中，儿童也能尽情地展示自己，更深入地走进人物的内心世界。表演节目的形式丰富多样，可以是小品、小话剧、小歌舞剧等，每个节目表演时间最长不能超过 10 分钟，演员人数不限。课本剧大赛主要从剧本创作、语言表达、演员表演、服装道具、现场效果等五个方面进行评价。

3. "我手写我心"创意作文大赛。"我手写我心"创意作文大赛，旨在激发儿童写作兴趣，提高其写作水平，鼓励其表达真情实感。五、六年级各班按照参赛规则在本班内开展初赛，每班推选 2 名优秀选手，参加学校决赛。"我手写我心"创意作文大赛从主题内容、体裁结构、语言表达、卷面书写、创新和亮点等五个方面方面进行评价。

4. 经典诵读大赛。经典诵读是让儿童通过诵读经典古诗文，潜移默化地

接受传统美德教育，从而继承和发扬中华优秀传统文化。每班选手表演节目时，可加入配乐，运用书法、歌舞或其他艺术形式进行演绎，鼓励形式多样，诵读时间为 3—5 分钟。经典诵读比赛从诵读内容、仪表仪态、语言表达、朗诵效果、时间要求、创意六个方面进行评价。

总之，"三味语文"秉承儿童本位的宗旨，引导儿童在生活中感受语文，在语文中感悟生活。"筚路蓝缕，以启山林"，我们将不懈努力，孜孜追求，运用多种方式扎实推进课程实施，让儿童在"三味语文"中绽放自我，拥抱金色童年。

（撰稿人：陆晨　梁伟　郑全海　阮梅　管汉琛）

第三章

自组织课程：
要素与内容的映射

　　自组织产生的前提是系统的自主性，自组织系统通过与外界的不断交换，从而达到稳定的状态。自组织课程中要素与内容的设置以学生生长与发展的需求为出发点，将核心理念作为固着点，内部各要素通过自我演化、自主唤醒的方式呈现为立体纵深化的拓展与延伸，形成有序结构。以自组织为核心的后现代课程设置，可以让教师和学生更全面地参与到课程的创造、实施与完善过程中，让课程回归生活，让知识归于现实世界。

自组织课程体系是开放的，远离既定平衡的，课程内容与内部各要素之间存在非线性的映射关系。这使得学科课程框架既有学科课程结构的核心要素，也有学科课程设置的固着点。

本章节指向结构内容，就课程框架和课程设置来阐述自组织课程中要素与内容的映射关系。以合肥市西园新村小学北校"宽度语文"为例，核心概念"宽度"这个固着点，向"宽识写""宽阅读""宽写作""宽交际""宽实践"五个维度发散辐射，构成"宽度语文"的五个要素。每个要素在具体实施中又逐条展开，搭建一个个支点。比如"宽阅读"这一部分，设计了"经典诵读""童趣美文""名家名篇"三个版块来设置课程内容。这种框架构建是呈几何数的立体构架，互为支撑，互为补充。西园新村小学北校基于这样的课程框架，以年段、学期为纵向指标，以五个维度为横向指标，规划出整个学科的拓展课程内容。

新村小学的"精彩语文"学科课程群方案，以"自教育"为固着点，在"让生命成长精彩纷呈"这一共同愿景下，从"识写、阅读、表达、口语、综合学习"五个方面出发，将校园文化、学科教研、成长体验等课程内容和活动进行整合。如"精致书写"这一部分，围绕"识""记""写""赏"四个目标，开设了"汉字开花""字海拾趣""书写小能手""追字溯源"几大课程。在尊重孩子需求和个性选择的前提下，注重生命成长系统内部各要素的非线性关系，让孩子的学习体验与生命成长相辅相成。

在以上两个学科课程群方案中，每个要素都从学生生长与发展的需求为出发点，呈发散的状态映射课程内容的生长点。与此同时，将核心理念作为固着点，形成作用于各个框架维度的射线，从而产生系统的整体性行为。各要素之间按照相互默契的某种规则，在发挥各自作用的同时，协调地、自动地形成有序结构。系统内部只有通过交换信息，才能达到高度的协调，这个系统自组织能力越强，其保持和产生新功能的能力也就越强。[1] 从而使学生能够逐步掌握丰富的知识，具有宽广的视野，获得精彩的体验，助力生命的成长。

---

① 陈先锋. 自组织理论在学校教育科研管理中的应用 ［J］. 教育视界，2016：16.

第一节

宽度语文：提供无限向上的力量

合肥市西园新村小学北校教育集团语文教师教研组现有教师 44 人，是一支高素质的教师研究队伍。其中高级职称教师人数占 10%，市区两级学科带头人、骨干教师人数占 25%。该团队多名成员所撰写的论文发表在国家级、省市级刊物上，教学课例在全国新媒体新技术教学应用大赛和市、区级语文课堂教学评比中获一、二等奖，还承担多个课题的研究工作。在教育部《关于深化课程改革，落实立德树人根本任务的意见》《义务教育语文课程标准（2011 年版）》的指引下，教研组立足国家课程，拓展学习资源，丰富学习途径，着力培养儿童的语文核心素养，推进我校"宽度语文"学科课程群建设。

第一部分 学科课程哲学

一、学科价值观

"语文课程致力于培养学生的语言文字运用能力，提升学生的综合素养，为学好其他课程打下基础；为学生形成正确的世界观、人生观、价值观，形成良好个性和健全人格打下基础；为学生的全面发展和终身发展打下基础。"① 基于这种认识，我们认为，语文课程的核心价值是充分发挥语文

---

① 中华人民共和国教育部. 义务教育语文课程标准（2011 年版）[S]. 北京：北京师范大学出版社，2012：1.

学科的奠基作用，为儿童的终身发展打下宽厚的基础。"语文课程的多重功能和奠基作用，决定了它在九年义务教育中的重要地位。"① 我们要从孩子成长发展的角度出发，在基础教育阶段，搭建学习语文最丰富的途径、最广阔的平台，提供最肥沃的土壤，用语文学习的宽度来影响儿童未来发展的高度。

二、学科课程理念

语文作为母语学科的学习，对儿童精神世界与能力发展的影响更是广泛而深刻的。我们要充分发挥语文学科的综合性、实践性的特点，创设浓厚的文化场景，搭建丰富的阅读空间，提供广阔的实践环境，让孩子们广见识、宽视野、纳百川、修大气，如同一棵棵苗壮的幼苗，在肥沃厚实的土壤上生长，呈现旺盛的生命力，听得见拔节的声音，看得到摇曳的风姿。因此，我们依据《义务教育语文课程标准（2011 年版）》文件精神，遵循儿童身心发展的特点，提出我校语文学科的课程理念为"宽度语文"，即"用有宽度的语文，提供无限向上的力量"。

宽厚的文化积淀，是"宽度语文"实施的底蕴。生活的领域是无限的、自由多彩的，语文在辽阔的生活情景中，内在的底蕴更宽厚，文化更丰富，思维更活泼，审美更有情趣。在有宽度的真实生活里，做有宽度的语文教育，才能为儿童打下良好的人生底色，为他们的全面发展和终身发展奠基。

宽阔的学习领域，是"宽度语文"活跃的范围。作为儿童的母语课程，语文的学习可以随时随地发生。因此生活即语文，亲近儿童的生命状态，滋润儿童的心灵，密切关注学习与生活的联系，打破课堂的狭窄和封闭，去亲近大自然，去观察世界，去阅读文本，去感受社会……让学习语文成为一种日常习惯。

宽泛的实践体验，是"宽度语文"实施的路径。陶行知先生自 20 世纪 80 年代初期，就先后发表文章和著作，主张解放儿童。在教育时，要充分尊重孩子，信任孩子，让他们能想，能做，能看，能说，能有时间、有条件到更

---

① 中华人民共和国教育部. 义务教育语文课程标准（2011 年版）[S]. 北京：北京师范大学出版社，2012：1.

广阔的自然和天地中，去汲取社会和自然中的学问，做自己喜欢做的事。① 故而语文课程学习要充分挖掘学习和实践的范围，创设丰富有趣的学习活动情境，这样既能满足儿童的情趣，又能体现语文学科知识被吸纳的需求。让学生能够在真实的过程中，真情流露，真挚互动，得到真正的收获。

宽畅的学习体验，是"宽度语文"生长的能源。白居易曾作诗，将琵琶之音比作珠落玉盘，如同天籁，儿童的声音也同样能触及心灵。让孩子爱上阅读，爱上朗读，爱上讲述，爱上倾听，爱上书写，将至纯至美的童音贯穿于语文学习的过程中，用最本真的表达，给自我、给他人带来宽畅的感受。让学生用心灵拥抱语言，体会语言中的冷暖情愫，让学生充分展示自己，享受语文学习带来的成功体验。让学生乐于在方寸汉字中感受行款布局之美，在字里行间之中传递真情实意。

宽松的评价氛围，是"宽度语文"持久的活力。这里的"宽松"指的是评价方式、评价标准并不单一。评价采用刚性与弹性结合、过程性与阶段性对照的方式，既有对标课程标准的基础性要求，又有针对学生个体差异的个性化评价。尊重每个学生都是独立的个体，关注学生成长发展的过程，肯定他们的优点，指出他们的不足，教给他们努力的方法，让学生在学习语文的过程中，眼中有亮光，心中有梦想，身上有行动。

总之，"宽度语文"具有广阔性、丰富性、开放性、实践性、包容性等特性。孩子们的学习过程，不再局限一处地点、一种方式、一条途径、一种模式，而是从书本走向现实，从聆听走向经历，从单线走向多元。每一步出发，都踏在宽厚肥沃的土地上，每一次学习，都为生命的成长提供了向上的力量。

第二部分　学科课程目标

《义务教育语文课程标准（2011 年版）》指出："语文课程致力于培养学生的语言文字运用能力，提升学生的语文素养，为学好其他课程打下基础；为学生形成正确的世界观、人生观、价值观，形成良好个性和健全人格打下

---

① 陶行知. 创造的儿童教育［M］. 南京：江苏人民出版社，1981：753.

基础；为学生的全面发展和终身发展打下基础。"① 语文课程对继承和弘扬中华民族优秀文化传统和革命传统，增强民族文化认同感，增强民族凝聚力和创造力，具有不可替代的优势。

一、学科课程总体目标

学校以《义务教育语文课程标准（2011 年版）》为依据，从识字与写字、阅读、写话和习作、口语交际、综合性学习五个方面入手，结合我校实际情况制定目标。

（一）识字与写字

熟练掌握汉语拼音的拼读方法，借助拼音认识汉字，认识生活中的常用汉字。学会书写的规则和技巧，能够在一定速度内正确美观地书写汉字。了解汉字的起源和演变过程，感受汉字的奇妙，激发对祖国语言文字的热爱之情，能够积极主动地学习语文，初步掌握多种识字写字的方法，培养规范的写字习惯。

（二）阅读

鼓励儿童独立阅读，根据不同的文本选择不同的阅读方法。学会在阅读中积累方法，关注儿童在阅读中的情感体验，提高儿童感受作品情感的能力。具有阅读日常生活中的报纸、杂志、报刊的能力，对文学作品进行初步赏析，丰富自己的阅读情感体验。学习借助工具书阅读浅显的古文，小学阶段累计背诵优秀诗文 160 篇（段），课外阅读总量达到 145 万字以上。通过阅读，感受中华文化的博大精深，汲取人类的文化智慧，能够尊重文化的多样性，提高个人的文化修养和品位。

（三）写话和习作

养成观察生活，勤于记录的习惯，能将自己的见闻、体验和想法明确、具体、条理清晰地表达出来。根据不同的要求，运用恰当的方式进行书面表达，提高运用文字的能力。

---

① 中华人民共和国教育部. 义务教育语文课程标准（2011 年版）[S]. 北京：北京师范大学出版社，2012：1—2.

（四）口语交际

学会使用普通话和他人进行日常交流，掌握日常交际的基本能力，能够认真倾听他人想法、表达自己的观点和想法，初步学会文明地进行人际沟通交往。

（五）综合性学习

通过对母语课程的学习，激发学生的爱国之情，树立健康向上的审美情趣，发展学生独特的个性，培养团队合作意识和创造精神，逐步形成正确的世界观、人生观、价值观。在实践活动中学习语文、运用语文，开展主题性的探索研究。学会借助工具书解决学习问题，能够围绕一个主题进行信息的搜集和处理，使用多种方法和技术学习语文。

二、学科课程年级目标

依据《义务教育语文课程标准（2011 年版）》的指导意见，结合部编版小学语文教材内容及教学目标，围绕我校语文学科课程总目标和 1—6 年级的学情，我们设置了语文课程各年级目标。其中教材内容所体现的教学目标是小学语文课程标准指引下的"共同目标"。而结合校情特点，突出学校培养理念的，为"校本目标"，是共同目标的校本化体现。下面以三年级上册为例（见表 3-1-1）：

表 3-1-1　"宽度语文"三年级上册课程年级目标表

单元	课程目标
第一单元	共同目标： 1. 学会认识 25 个生字、 3 个多音字，会正确书写 26 个字和 29 个生词。 2. 能粗略了解略读课文的常规学习要求，知道课文的主要内容，能够说出自己的看法。 3. 能观察同学特点，选择一两处印象深刻的地方，用几句话或一段文字介绍自己的同学。 4. 能在课堂上和同学们交流在课内外阅读中遇到的有特点的词句，具有主动积累新鲜词句的意识。 校本目标： 在"缤纷的世界"校本课程中，指导学生回忆生活中的新鲜事，并把经历讲清楚。借助图片或实物向伙伴介绍自己感兴趣的内容。

单元	课程目标
第二单元	共同目标： 1. 学会认识 35 个生字、1 个多音字，会正确书写 39 个字和 27 个生词。 2. 古诗学习中，能够主动借助注释尝试理解重点字词和诗句的意思。利用多种方法背诵。 3. 在生活中处处留心观察，学习仿照课文片段和"阅读链接"，描写自己观察到的自然景色。 4. 仔细阅读例文，从中发现写日记的好处，知道日记中内容的选择，认识日记的基本格式。 校本目标： 在校本课程"我的故事"中，主动和伙伴交流自己身边的趣事或印象深刻的事情。感受观察生活带来的快乐，尝试坚持积累生活中的素材，提高自己的收集信息能力。
第三单元	共同目标： 1. 学会认识 44 个生字、9 个多音字，会正确书写 26 个字和 34 个生词。 2. 能在默读中了解故事的大概内容。感受课文中不同人物的性格特点，用简单的语言进行评价。 3. 能借助教材提示的内容，发挥想象，编写童话故事。 4. 掌握学过的修改符号，初步尝试独立修改习作，知道修改的作用。能给习作加题目。 5. 有主动开展探究性学习的愿望，能够在学习中发挥想象力和创造力，养成在实践中学习和运用语文的习惯。 校本目标： 在"奇妙的童话王国"课程中，鼓励学生广泛阅读童话故事，在阅读中感受童话故事的奇妙，并乐于和同学分享课外阅读的成果。
第四单元	共同目标： 1. 学会认识 30 个生字、辨别掌握 5 个多音字，会正确书写 13 个生字和生词。 2. 学习在阅读中一边阅读一边预测的方法，了解可以从不同的角度进行阅读，初步感受到预测带来的好处和乐趣。在阅读时感受作者的内心，提高阅读作品的能力。（"宽度语文"目标） 3. 主动询问自己或他人名字的含义或来历，并把信息表达清楚。 4. 学会使用改正、增补、删除等修改符号，修改明显的错误。 校本目标： 在"奇妙的童话王国"课程中，阅读自己喜欢的童话故事，结合自己的阅读体验，和同学分享运用预测策略的好处。借助书中的插图和阅读提示预测故事情节，把故事续编得完整合理。
第五单元	共同目标： 1. 借助掌握的识字方法认识 10 个生字和 1 个多音字，会正确美观地书写 26 个生字和生词。 2. 在生活中愿意主动观察喜爱的动物、植物或场景及其变化情况，主动和同学分享自己的见闻和感受。 3. 坚持对生活中一种动物、一种植物或一处场景进行观察，坚持把观察到的变化写下来。 4. 乐于展示自己的观察收获，并和伙伴们分享自己的感受。

单元	课程目标
	校本目标： 在"缤纷的世界"课程中，学会留心观察周围的人物、事物及其变化。知道通过多角度进行观察，感受细致观察带来的好处，逐步养成观察身边变化的习惯。记录自己的观察所得，并和伙伴们交流分享。
第六单元	共同目标： 1. 学会认识 42 个生字，能够运用识字方法辨别 6 个多音字，会正确书写 51 个字和 46 个词语。 2. 摘抄课文中写得好的句子，能用自己的话介绍文中的景物或场景并与同学交流阅读体会。 3. 能自己改正错别字，并乐于和同伴分享观察到的美景。 校本目标： 在"我的观察报告"课程中，和同伴分享观察到的美景。通过观察生活中的一处景物，围绕一个中心用一段话写下来，将平常积累的描写景物的词语运用其中，提高书面表达能力。
第七单元	共同目标： 1. 多种方法认识 22 个生字，读准 2 个多音字的字音，根据书写要求正确美观地书写 38 个生字和词语。 2. 在阅读中学会借助图表理解课文的主要内容。 3. 关注生活中令人感到温暖或不文明的行为，能在小组中简要、清楚地进行讲述，将伙伴们的意见和想法汇总。 4. 初步学会边阅读、边记录、边梳理的学习方法，养成主动收集摘抄的习惯。 校本目标： 在"我的故事"校本课程中，能够清楚的写下生活中的某种现象、行为，表达清楚自己对此的看法。能主动用书面的方式与别人进行交流，并能够尊重他人的不同意见。
第八单元	共同目标： 1. 学会认识 42 个生字，熟练辨别 4 个多音字，会正确书写 31 个生字和 28 个生词。 2. 初步学习文言文，能够正确、流利地朗读，初步感受文言文语句的特点，大概知道文言文和现代文的区别，能够经常使用工具书解决阅读文言文时的问题。 3. 能转换人称复述故事片段。 4. 能简单记叙一次玩耍的过程，表达愉快的心情，能够正确使用标点符号。愿意和同学互相修改，根据提出的修改建议进行修改。 校本目标： 在"形近之分"课程中，能根据自己掌握的识字方法，乐于和同学分享识字写字的方法。掌握学习多音字形近字的方法，培养根据意思分辨字形、字音的能力。

第三部分　学科课程框架

"语文课程应激发和培育学生热爱祖国语文的思想感情，引导学生丰富语言积累，培养语感，发展思维，初步掌握学习语文的基本方法，养成良好的学习习惯。"[①] 我们培养的孩子应该具有适应日常生活需要的与语文相关的各种能力，正确使用华夏祖先传承下来的语言文字。语文课程还应充分发挥语文学科的奠基作用，为孩子们的终身发展打下宽厚的基础，使他们提升道德情操和审美情趣，培养他们有爱心、有责任心、敢于担当、待人友善等品质，逐步形成良好的品行和健全的人格。

一、学科课程结构

学科课程框架既要有学科课程结构的核心要素，也有学科课程设置的固着点。语文课程的内容包括"识字与写字""阅读""写作""口语交际"和"综合性学习"。[②] 因此，我们基于"宽度语文"的核心语文学科理念——"用有宽度的语文，提供无限向上的力量"，继而提出了"宽识写""宽阅读""宽写作""宽交际""宽实践"的课程内容。在此基础上，内部各要素通过自我演化、自主唤醒的方式呈现为立体纵深化的拓展与延伸。合肥市西园新村小学北校教育集团"宽度语文"课程群结构（见图3-1-1）如下：

具体表述如下：

"宽识写"：它是落实小学阶段识字、写字任务的重要内容。孩子们学会了识字写字，才能自主阅读和写作。因此，孩子们在第一学段语文学习中的重点就是培养识字写字的能力。在实际教学中，对识字和写字的要求应该是不同的，第一学段的原则是多认少写。"宽识写"课程的识字教学中，要借助孩子们生活中熟悉的语言作为主要素材，同时充分调动孩子们已有的生活阅历，教给孩子们识字的方法，例如"认识象形字""认识会意字""熟字相

① 中华人民共和国教育部. 义务教育语文课程标准（2011年版）[S]. 北京：北京师范大学出版社，2012：2.
② 中华人民共和国教育部. 义务教育语文课程标准（2011年版）[S]. 北京：北京师范大学出版社，2012：5.

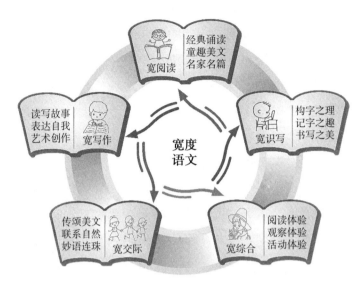

图 3-1-1 "宽度语文"学科课程群结构图

加""加一笔、减一笔""编谜语"等。课程中,教师创设识字的情境,采用一些图画、场景、课件等形象的教学方法,提高孩子们的识字效率和识字能力。同时,教师还要注重引导孩子们学会在生活中认识文字、运用文字,加强对生字的记忆和理解。

在"宽识写"课程的教学中,首先要引导孩子们关注自己的写字姿势,教会孩子们掌握基本的书写方法,包括笔顺、占格、间架结构等,养成良好的书写习惯。此外还重在激发学生识字写字的兴致,了解汉字的历史,引导学生规范书写汉字、正确运用汉字,体会汉字的泓涵演迤,从而热爱祖国的语言文字。

"宽阅读":它是重在培养孩子们成为一个独立的阅读人,具有阅读能力,能与所阅读的文本共情,从阅读中获得情感体验,逐渐有较丰富的词句积累,对语言有良好的感知能力。孩子们能从初步理解文本,逐渐发展为对文学作品有一定的鉴赏能力,同时,他们的道德情操也能得到熏陶,个性得以发展,自己的精神世界不断丰富,逐渐建立正确的三观。

为克服孩子们在阅读中不能自发形成有效的阅读策略和阅读效率低下的情况,统编教科书选取了四种最基本的阅读策略,编写了以帮助孩子们掌握阅读策略为主要目标的单元。具体内容如下:三年级上册是"预测"策略,四年级上册是"提问"策略，五年级上册的阅读策略是"阅读要有一定的速度"，六年级上册的阅读策略是"有目的地阅读"。"宽阅读"类课程建立在此基础之上，让孩子们充分运用在阅读策略单元中所学的阅读策略。课程提供大量各类的文本，儿童诗、故事、小说、散文等，通过广泛阅读逐步培养学生的阅读兴趣，使孩子们具备一定的阅读能力，他们能够多角度、有创意地阅读。

"宽写作"：它是运用字、词、句、段、篇等语言文字符号反映事物、表达感情、发表观点、传递信息的一种交流方式，是"我手写我心、我手表我情"的创造性表述的过程。"宽写作"教学贴近学生实际，让孩子们对写作充满兴趣，不抵触，不排斥，主动表达自己对事件的见解以及自己的真情实感。

"宽交际"：它是为了培养孩子们学会倾听、学会表达、学会应对各种交际情况，让孩子们能文明有礼地与他人交往。"宽交际"课程创设真实的、有代表性的、贴近生活的各种情境，使教师与学生、学生与学生之间在情境中充分交流表达，从而使学生的交际能力得到提升。

"宽综合"：它主要体现在综合运用孩子们所学的语文知识、不断发展孩子们的听说读写能力。主要由孩子们自己设计活动，并开展活动，探索和研究的过程是课程的重点。在学习过程中，孩子们的自主性得以凸显，这可以激发孩子们主动、积极参与学习的精神，从而培养孩子们规划、架构、协作和实践等各方面的能力。

二、学科课程设置

基于课程框架中的五个要素，要映射于具体的课程设置内容。我们尊重孩子的需求和个性选择，遵循语文教育教学以及学生认知发展的规律，注重生命成长系统内部各要素的非线性关系。通过推进并完善"宽度语文"课程设置，让语文学习有宽度、有广度、有高度、有深度，让学生热爱祖国的语言文字，水到渠成地形成语文素养。因此，在基础类语文课程之外，我们继续生发课程内容，形成了"宽度语文"的课程设置（见表3-1-2）。

表 3 - 1 - 2 　 "宽度语文"拓展课程设置表

年级	课程类别	宽识写	宽阅读	宽写作	宽交际	宽综合
一年级	上学期	仓颉造字	读读绘本故事	写好一句话	我们是朋友	简单绘本制作
	下学期	汉字的故事	读读童谣和儿歌	把句子写得更精彩	我们一起做游戏	童谣儿歌创编
二年级	上学期	形声字乐园	读读童话故事	学写几句话	我们一起做手工	我是童话大王
	下学期	初识字理	有趣的儿童故事	看图编故事	好看的动画片	舌尖上的中国
三年级	上学期	形近之分	奇妙的童话王国	缤纷的世界	我的故事	我的观察报告
	下学期	软硬兼施	走进寓言世界	展开大胆的想象	班级的故事	中华传统节日
四年级	上学期	书艺素养	中国古代神话故事	把一件事情写清楚	讲历史故事	走进各种展馆
	下学期	同音异形	叩响科学大门	按一定的顺序写景物	新闻联播	轻叩诗歌大门
五年级	上学期	趣味字谜	读读民间故事	活用说明方法	讲民间故事	游遍世界各地
	下学期	电脑录字	读古典名著	人物活灵活现	讲一讲，演一演	遨游汉字王国
六年级	上学期	汉字精神	精彩的成长故事	围绕中心意思写	小小演说家	探访名人故居
	下学期	咬文嚼字	漫步世界名著花园	表达真情实感	谁"语"争锋	难忘小学生活

（注：结合部编版小学语文一至六年级的教材制定本表格）

通过设置"宽识写""宽阅读""宽写作""宽交际""宽实践"五个方面的课程，使孩子们的语文能力得到了全面的发展，语文素养得到了很大的提高，这为孩子的终身发展奠定了扎实的基础。

第四部分　学科课程实施与评价

"语文课程是一门学习语言文字运用的综合性、实践性课程"[1]，因此语文学习是一个生动而丰富，注重实践过程的活动，需要提供大量的语文实践

---

[1] 中华人民共和国教育部. 义务教育语文课程标准（2011 年版）[S]. 北京：北京师范大学出版社，2012：2.

环境，这也是制定"宽度语文"课程理念的依据。由此，"宽度语文"重在开拓语文学习资源和学习环境，关注过程性评价，并以积分的形式纳入学校"小天鹅成长手册"评价体系。"宽度语文"主要从七个方面实施开展：

一、打造"宽度课堂"，夯实语文根基

《义务教育语文课程标准（2011 年版）》在"实施建议"中提出四点教学建议："充分发挥师生双方在教学中的主动性和创造性；教学中努力体现语文的实践性和综合性；重视情感、态度、价值观的正确导向；重视培养学生的创新精神和实践能力。"① 因此，"宽度课堂"紧紧扎根于语文日常课堂教学之中，努力呈现宽厚的文化积淀，宽阔的学习领域，宽泛的实践活动，宽畅的学习体验，宽松的学习评价。

（一）"宽度课堂"的实践操作

"宽度课堂"是将日常语文课堂教学作为拓展学习资源，调动师生情绪、生成精彩碰撞的平台。课堂上具有"广、实、厚、活"这些特性，集中体现在三个方面。

一是课堂有张力。这里的"张力"是指语文课堂的组织方式要具有开放性，要能唤醒和激发学生的创造性思维。授课过程预设的各个环节不宜过细，在环节设计上，在启发学生智力上，要设法把学生置身于"发现者"和"探索者"的位置上，在学生注意力集中，思维活跃时，适时启发、给学生以成功的体验。所以，"宽度语文"的课堂源自课标，紧紧依托于教材却不局限于教材。课堂上有朗朗书声，有静静思索，有浅吟低唱，有高谈阔论，有旁征博引，有纸笔唰唰。这样的"宽度语文"课堂，教师不惟本是本。久而久之，学生就会寻找"源头活水"，这样才能培养学生的思维习惯和思维品性，使学生成为一个真正的思想者。

二是师生有活力。华东师范大学叶澜教授指出："课堂教学蕴含着巨大的生命活力，只有师生的生命活力在课堂教学中得到有效的发挥，才能真正有

---

① 中华人民共和国教育部. 义务教育语文课程标准（2011 年版）[S]. 北京：北京师范大学出版社，2012：13.

助于新人的培养和教师的成长。"[1] 语文教学是一个互动的、充满活力的过程。而师生的生命活力若被唤醒，那将产生不可估量的教育力量，不但课堂生机勃勃，而且教育研究会势不可挡。

三是教学有主张。我们所说的教学主张是指教师有自己正确的教育理念、方法和策略，注重吸收新知识，努力提高自身的综合素养。教师能深入研读教材，准确把握教材的要旨，能合理地、创造性地解读、使用教材；教师能采用不同的教学方法，精心设计教学环节，引领学生有效学习，提高学习效率。能够有效利用多媒体设备，整合各类课程资源，提高课堂的效率。同时，教师对课堂上学生可能出现的问题和解读问题的策略都要有正确的估计和充分的预设。

"宽度语文"的达成目标体现在以下五个方面：

1. 教学内容是丰富而有层次的。教学内容丰富多样，不仅仅局限于教材内容，有梯度、有层次。

2. 学习方式是自主学习与互动交流相结合。课堂上充分保障学生自主学习的时间，同时又积极倡导小伙伴、小组之间的交流与合作。

3. 课堂是有活力、有深度的。课堂上有朗朗书声，有充分的个人表达时间，课堂上的问题多属于高阶思维，利于学生思维能力、概括能力的培养。

4. 反馈评价及时。课堂上能够做到及时反馈，注重自评、生评、师评等多元、多维的评价方式。

5. 过程愉悦，学习高效。学生参与性高，经过课堂学习，知识点掌握较好，相应的语文能力有明显提升。

（二）"宽度课堂"的评价标准

依据《义务教育语文课程标准（2011 年版）》中的教学建议和"宽度课堂"的具体要求，制定课堂评价量表（见表 3-1-3）。

---

① 蒋辉藁. 对构建"让课堂教学充满生命活动"长效运作机制的思考［J］. 上海教育，2000，
（007）：42—43.

表 3-1-3　"宽度课堂"教学评价量表

等级 指标	优 完全达到 （90—100）	良 基本达到 （80—89）	合格 部分达到 （60—79）	不合格 少量达到或 未达到（60以下）
开放而丰富 （20分）	教学内容丰富多样，不仅仅局限于教材内容。	教学内容能依据教材内容有所拓展，有一定的丰富性与层次性。	教学内容仅局限于教材内容，丰富性与层次性不够突出。	教学容量过少，只唯本是本，缺少层次性。
自主与合作 （20分）	充分保障学生自主学习的时间和机会，能积极引导伙伴之间的合作与交流。	能给予学生一定的自主学习时间，伙伴间交流合作的时间和次数还有待加强。	课堂教学教师占绝对主导，学生偶有自主学习的机会。	整节课满堂灌，学生被动接受性学习，缺少小组间的合作与交流。
发声与思考 （20分）	课堂上有朗朗书声，有充分的个人表达时间，课堂上的问题多属于高阶思维，利于学生思维能力、概括能力的培养。	课堂上能较好地关注到大多数学生，重视学生朗读和口语表达能力的培养，能够给学生提供较多表达观点的机会。	课堂上有部分学生能有发言机会，教师对学生表达能力的指导不够充分。	课堂上学生发言的机会很少，问题琐碎，思考的价值不高，学生的思维能力、表达能力很难得到提高。
反馈与评价 （20分）	课堂上反馈及时，注重多维度、多元性的评价方式。	教师能关注到大部分学生，对学生参与学习的过程基本能及时评价，反馈方式相对比较单一。	教师有时能关注到学生学习过程，偶尔提示、启发，但效果一般。	课堂上教师几乎没有反馈、没有评价，只一味地关注自己的授课过程。
愉悦与提升 （20分）	学生参与性高，经过课堂学习，知识点掌握较好，相应的语文能力有明显提升。	学生学习的愉悦感较强，多数能主动参与到教学之中，较好掌握知识点，有一定的自信心。	部分学生参与性较好，基本掌握知识点，学习自信心方面还需教师加以引导。	学生感受不到课堂教学的快乐，听课态度较差，学习效果不佳。

　　"宽度课堂"根植于日常课堂教学，积极创设充满生命活力的语文课堂，努力提升学生的语文核心素养。

二、建立"宽度社团"，发展学生语文兴趣

　　"宽度社团"是我校的特色社团，是孕育培养文学人才的摇篮，是开展校园文学活动最具活力、最有吸引力、最为精彩生动的基层组织。组织开展

具有我校特色的文学社团活动，为学校开展师生阅读、写作活动创造基本条件。

（一）"宽度社团"的课程设计

"宽度社团"根据年级的不同，分成低、中、高三个年段，具体社团安排见表3-1-4，"宽度社团"课程介绍见表3-1-5。

表3-1-4 "宽度语文社团"安排表

社团名称	参加年级	社团名称	参加年级
我爱童谣	一年级	小天鹅书法社（铅笔）	一、二年级
汉字王国	一年级	小天鹅书法社（硬笔）	三、四年级
经典启蒙	二年级	小天鹅书法社（软笔）	三至六年级
小故事家	二年级	小天鹅文学社低段	一、二年级
小演讲家	四年级	小天鹅文学社中段	三、四年级
大演说家	五年级	小天鹅文学社高段	五、六年级
咬文嚼字	六年级	小天鹅广播站	三至六年级
小天鹅书苑	四、五年级	小天鹅旅行社	三至六年级

表3-1-5 "宽度社团"课程介绍表

课程名称	课 程 介 绍
汉字王国	主要通过各种有趣的字理识字方式让学生理解这些字的形成，并根据自己的生活经验和想象，让这些字形象、生动起来，从而感受象形字的神奇和趣味。
我爱童谣	旨在借助读童谣来培养学生良好的语文素养和高尚的审美情趣，这也是对传统文化的传播和发扬。
小天鹅文学社	旨在通过开展读书活动，请校内外专家学者开展系列讲座，促使学生拓宽视野，增长见识，带领学生阅读经典文学作品，学会做读书笔记，写读后感，并交流观点，展开探讨。
经典启蒙	通过读准读通、对照注释、拓展知识、适度品悟、随意背诵，培养学生热爱祖国文化的情感，丰富学生的文化底蕴，提升学生的综合素养。
小天鹅书法社	弘扬中华传统的书法文化，培养学生良好的书写习惯，规范学生的书法行为，营造浓厚的写规范字的氛围，打造我校富有特色的书香校园。

课程名称	课 程 介 绍
小天鹅旅行社	通过让学生学会采用调查、收集、整理、研讨交流等方式收集信息，培养学生善于发现问题、并运用知识分析问题、解决问题的能力。通过研学旅行培养学生安全、团队、环保、探究、吃苦、公德等意识，全面提升学生综合素质，增强学生爱生活、爱家乡、爱祖国的情感。
小天鹅广播站	让学生以小记者的身份进行采访，试着撰写新闻报道，通过学校红领巾广播站发表自己的优秀作品。
小演讲家	旨在通过在全校范围内以社团的名义开展演讲、辩论、诗歌朗诵等比赛，陶冶参与者情操，锻炼参与者能力，丰富校园文化生活。
大演说家	培养公众演讲、沟通表达、文字创作，思维训练等习惯和能力。通过自我表达，建立自信心，促进身心健康。全面提升演讲者能力，丰富校园文化生活。
咬文嚼字	学会咬文嚼字，以提高阅读和写作的能力，达到能正确理解和运用祖国的语言文字的目的；感受祖国语言文字的精妙，养成严谨的治学精神。

社团课程开设，既满足了学生的个性化发展需求，也是对国家课程校本化实施的具体落实。

（二）"宽度社团"的评价标准

《义务教育语文课程标准（2011 年版）》中的评价建议为："语文课程评价的根本目的是为了促进学生学习，改善教师教学。语文课程评价应准确反映学生的学习水平和学习状况，全面落实语文课程目标。应充分发挥语文课程评价的多重功能，恰当运用多种评价方式，注重评价主体的多元与互动，突出语文课程评价的整体性和综合性。"① 基于此，学校层面对"宽度社团"从课程规划、实施与评价过程几个方面给予评价，突出语文学科特性。（具体见表 3-1-6）"宽度社团"每学期对社团学生也给予评定，现以"经典启蒙社团""小天鹅文学社团"的比赛评价表为例（见表 3-1-7、表 3-1-8）。

---

① 中华人民共和国教育部. 义务教育语文课程标准（2011 年版）［S］. 北京：北京师范大学出版社，2012：16.

表 3-1-6　"宽度社团"的评价要求

评价内容	评价标准	评价方式	自评	督评	得分
课程规划（30分）	围绕"宽识写""宽阅读""宽习作""宽交际""宽实践"等方向进行课程构建，有规范、健全的组织机构，有活动场所。（15分）	学生问询、核查资料			
	各项规章制度齐备。社团课程进度安排有计划、有系统，任务明确、重点突出、措施得力。（15分）	学生问询、核查资料			
课程实施（40分）	社团活动定期开展、规范开展，多渠道开展语文社团活动。各项活动做到有计划，有总结。每学期活动不少于 15 个课时，过程性资料详实。（20分）	学生问询、核查资料			
	社团每学年至少进行 1 次校内交流展示。（20分）	核查资料			
课程评价（30分）	有固定的招收团员的办法，根据社团现状，适时招收团员。社团规模建制不少于10人，每学期采用过程性评价和终结性评价相结合的方式对社团学生进行一次评定。（15分）	学生问询、核查资料			
	社团学生积极参加各级比赛，取得荣誉表彰，学生的语文素养有明显提升。（15分）	学生问询、核查资料			

表 3-1-7　"经典启蒙社团"经典诵读比赛的评分标准

评分项目	评 分 标 准	分值	评分
仪表形象	精神饱满，服装整齐、得体，与节目契合，形体语言得当，态度亲切。	10分	
语言表达	普通话标准，口齿清楚，发音正确，语言生动，节奏韵律明显，轻重缓急、抑扬顿挫切合诗歌朗诵的内容，能准确、恰当地表情达意，声音响亮，感情真挚。	30分	
态势神情	姿态、动作、手势、表情、眼神能准确、鲜明、自然、形象地表达朗诵内容和思想感情，渲染气氛，增强表达效果。	20分	
朗诵效果	朗诵声情并茂，有感染力，朗诵富有韵味和表现力，能与观众产生共鸣。	20分	
时间要求	时间为 5 分钟内。	10分	
创意	朗诵形式新颖，起伏有致，表现形式多样，富有创意。	10分	
总分			

表 3-1-8　"小天鹅文学社团"作文比赛评分表

评分项目	评 分 标 准	分值	评分
主题内容 （30分）	主题鲜明，具有思想价值和现实意义	6分	
	选材表现主题，丰富生动	6分	
	内容与主题统一	6分	
	文章题目贴切、醒目、简洁、新颖	6分	
	感情真挚	6分	
体裁结构 （20分）	文体正确	5分	
	线索脉络清晰	5分	
	层次（章节段落）分明、合理	5分	
	整体来看，文章布局结构严谨、自然、完整、匀称	5分	
语言表达 （20分）	语言通顺流畅、符合逻辑	7分	
	写作技巧运用得当	7分	
	详略得当	6分	
创新和亮点 （30分）	构思选材新颖，文章呈现独特见解	10分	
	文章文辞优美	10分	
	结构章法有独到之处	10分	
总分			

"宽度社团"打造特色活动，内容新颖，形式多样，这既丰富了校园文化生活，又提升了学生的综合素养。

三、拓展"宽度阅读"，开阔语文学习视野

《义务教育语文课程标准（2011年版）》指出："要重视培养学生广泛的阅读兴趣，扩大阅读面，增加阅读量，提高阅读品位。"①"宽度阅读"从学生心理需要和精神成长的各个层面出发，根据不同年段、不同年龄层次选择不同的阅读内容。学生通过阅读不同的文学作品，产生自己的情感体验，初步领悟作品的内涵，从中获得优秀思想的熏陶，从而培养良好的道德品质，树立正确的人生观和价值观。

---

① 中华人民共和国教育部. 义务教育语文课程标准（2011年版）［S］. 北京：北京师范大学出版社，2012：15.

（一）"宽度阅读"的课程实施

"宽度阅读"着力于对学生阅读素养的培养，立足课标，结合教材内容，注重学生阅读习惯的养成、阅读能力的提升。结合阅读要素，分别开展"经典诵读""拓展阅读"等活动，经典诵读主要是让学生感受中华经典文学，拓展阅读部分是结合部编教材每一册的快乐阅读吧，进行书本外的拓展延伸阅读，引领学生感受更广阔的文学天地（见表3-1-9）。

表3-1-9   "宽度阅读"课程设置表

年级	课程类别	宽阅读	
		经典诵读	拓展阅读
一年级	上学期	三字经	我爱童谣
	下学期	三字经	和大人一起读
二年级	上学期	弟子规	寓言天地
	下学期	弟子规	儿童故事
三年级	上学期	唐诗风韵	童话世界
	下学期	唐诗风韵	小故事大道理
四年级	上学期	品味宋词	动物世界
	下学期	品味宋词	科学故事
五年级	上学期	论语	父母之爱
	下学期	论语	三国水浒英雄汇
六年级	上学期	走进小古文	成长故事
	下学期	走进小古文	中外经典

（二）"宽度阅读"的评价标准

"宽度阅读"的评价采用多元的评价方式，既有学生的自我评价，也有家长评价、教师评价，从阅读习惯、阅读兴趣、阅读方法、阅读收获等方面进行细致考查，同时教师有针对性地对学生的阅读进行指导，不断提升学生的阅读能力，广泛获取丰富知识，为有效地进行语文学习打下坚实的基础。具体阅读评价见表3-1-10。

表 3-1-10 "宽度阅读"评价表

评价内容	评价指标	参考指标	评价等级		
			自评	家长评	教师评
爱阅读	1. 能每天开展一定时间的课外阅读。 2. 每学期能在老师的指导下建立个人"宽度阅读计划"。 3. 记录个人阅读清单，一学期参加班级"阅读小天鹅"评选活动。	三条要求都严格完成为优秀。完成两条要求者为良好，只能完成一条要求的为合格。以上三条都没达到或每周阅读时间达不到 5 小时的评为待合格。			
多阅读	一、二年级学生课外阅读总量不少于 4 万字，能够熟练背诵《弟子规》等经典诗文；三、四年级学生课外阅读总量不少于 30 万字，加大唐诗宋词、童话寓言等方面的阅读，能背诵经典诗文 60 篇（段），养成爱读书的好习惯，乐于分享交流读书的收获；五、六年级学生课外阅读总量不少于 70 万字。阅读面广泛，善于从中获取丰富知识。	所有年级学生能完成对应要求的为优秀。能较好完成对应要求的为良好，能基本完成对应要求的为合格，达不到相应要求的为待合格。			
会阅读	热爱阅读，阅读方法多样，阅读习惯良好。主动摘抄积累优美句段，每周坚持至少写一篇读后感，每学期完成一本读书笔记。主动参加各种形式的读书交流活动，乐于与小伙伴分享读书感受。	能出色完成各年级段对应要求的为优秀。完成较好的为良好，只能完成一条要求的为合格。各项要求都未做到或每周阅读时间达不到 5 小时的评为待合格。			
综合评价					

四、细化"宽度识写"，整合汉字学习方法

《义务教育语文课程标准（2011 年版）》指出："识字和写字是第一学段的教学重点，也是贯穿整个义务教育阶段的重要教学内容。"[①] "宽度识写"目的在于夯实小学各学段识字、写字任务，重点在于激发学生识字写字的兴趣，了解汉字的历史，指导学生正确书写汉字、规范使用汉字，体会汉字的

① 中华人民共和国教育部. 义务教育语文课程标准（2011 年版）[S]. 北京：北京师范大学出版社，2012：15.

博大精深，激发对祖国语言文字的热爱。

（一）"宽度识写"的实施内容

"宽度识写"通过创设丰富多彩的教学情境，激发学生识字写字的兴趣，运用多种形象直观的教学手段，引导学生掌握基本的书写技能，强化写字姿势，养成良好的书写习惯。结合学校课程，分别开设"汉字王国""小天鹅书法社"等社团，推出"汉字识写小达人"网上课程，每周在网上推出汉字识写网上教学资源。老师通过对本学期汉字的字形进行分类，归纳出识写要点，进行书写示范指导，用微课的形式向学生推广，帮助学生随时随地学习汉字。具体见表3-1-11。

表3-1-11 "宽度识写"课程设置表

年级 \ 课程类别		宽度识写	实施途径
一年级	上学期	趣味识字	"汉字王国"社团
	下学期	趣味识字	"汉字识写小达人"网课
二年级	上学期	奇妙的形声字	小天鹅书法社（铅笔）
	下学期	奇妙的形声字	"汉字识写小达人"网课
三年级	上学期	汉字的秘密	小天鹅书法社（硬笔）
	下学期	汉字的秘密	"汉字识写小达人"网课
四年级	上学期	汉字之美	小天鹅书法社（软笔）
	下学期	汉字之美	"汉字识写小达人"网课
五年级	上学期	趣味字谜	元宵灯谜展
	下学期	趣味字谜	"汉字识写小达人"网课
六年级	上学期	汉字渊源	汉字书写赛事
	下学期	汉字渊源	"汉字识写小达人"网课

（二）"宽度识写"的评价标准

"宽度识写"的评价从识写兴趣、识写方法、识写习惯、识写运用等多方面进行评价，采用学生自评与教师评价相结合，专项评价与随即评价相结合的方法，综合考察学生识字写字的能力。现以"汉字书写比赛评分表"（见表3-1-12）为例。

表 3-1-12　汉字书写比赛评分表

评分项目	评　分　标　准	分值	评分
书写正确	书写内容完整，不写错别字，笔画规范。	30分	
书写干净	笔画清晰，线条劲健，不涂改。	20分	
书写工整	字体端正，通篇字体大小一致。	10分	
书写美观	用笔精熟，间架结构布局合理，起承转合自然。	30分	
书写速度	有一定书写速度，在规定时间内完成书写内容。	10分	
总　分			

对照《义务教育语文课程标准（2011年版）》的要求，从不同维度给予评价量化。

五、开展"宽度探究"，激活语文学习方式

《义务教育语文课程标准（2011年版）》指出："语文是实践性很强的课程，应着重培养学生的语文实践能力。"[1] 而培养这种能力的主要途径也应是语文实践。"宽度探究"，就是改变以往语文教学止步于课堂教学，满足于课本知识传授的现状，拓宽语文实践渠道，创设多维度探究实践平台，为学生提供更多的语文探究实践机会，开展更多的探究实践活动，让学生在"宽度探究"中学语文、用语文。从根本上改变传统教育中语文学习与语文实践活动相脱节的局面。

（一）"宽度探究"的内容与形式

西小北校"宽度探究"课程，主要依托语文教师的"宽度课堂"和校外实践活动组织实施。通过营造探究氛围，创设开放环境；激起学生探究兴趣，突出参与主体；加强实际联系，注重生活实践；指导学生参与体验，品尝活动乐趣；鼓励学生个性张扬，激励学生大胆创新这五大举措精心设计语文实践活动，重视"宽度探究"实践活动在落实素质教育中的纽带作用。"宽度探究"课程中开设触摸历史、文化寻根课程。学校通过系统地、有计划地组织安排，带领学生走进田园乡野、走进城郊、走进公园、走进街市、走进

---

[1] 中华人民共和国教育部. 义务教育语文课程标准（2011年版）[S]. 北京：北京师范大学出版社，2012：15.

遗迹、走进博物馆等，通过看、访、问、查、品、吟、写、思等形式，追根溯源，探寻庐州悠久历史文化。借助团队活动的形式，扎根本地文化，在课程学习的同时，培养合作、交际等能力。在具体实施中相互印证、相互补充。不同活动既有共通之处，也有不同的侧重点。

（二）"宽度探究"的评价标准

"宽度探究"的活动开展，使全体师生通过参与课堂和课外实践探究活动，较大幅度提升学习兴趣，提高学习能力。为了让活动更有效地开展，不断改进，授课教师和学校将在每学期期末对全体学生进行评价，每次活动后进行反思，力求在下次活动中做到更好。

根据学生探究活动参与度，从探究兴趣的程度、探究学习的参与度、探究方式的合理性、探究主体性体现、探究成果展示等几个方面进行评价。具体评价量表见表 3-1-13。

表 3-1-13 "宽度探究"过程性评价表

评价内容	评价指标	参考指标	评价等级		
			自评	家长评	教师评
前期准备	能积极做好准备工作，整理自己所需物品。制定探究活动计划，选定探究活动主题。	按要求完成准备工作者为优。在老师或家长的帮助下，基本完成物品整理和探究计划的为合格。不能按要求整理物品、探究计划不能明确者为待合格。			
过程参与度	能认真观察，耐心听取介绍或讲解，有实际动手操作的兴趣。按照探究计划完成各项活动和要求，并能记录自己的发现和体验。	过程参与度高，态度积极认真，按计划完成各项任务者为优。在老师多次提醒、帮助完成各项计划活动者为合格。不能按照计划执行，没有记录自己的发现或体验者为待合格。			
收获与反馈	撰写探究报告，有探究成果，并能主动与他人交流、分享。	完成质量高者为优秀，基本完成者为良好，在老师或同学的帮助下仍不能完成者为待合格。			
综合评价					

六、推行"宽度语文节"，丰富语文学习生活

"宽度语文节"，旨在培养学生热爱祖国语言文字的思想感情，让学生

的校园生活中充满语文味，在丰富多彩的活动中提高学生语文素养。以开展宽度语文节为途径，培养学生的读书兴趣，促使其提高阅读能力和言语实践能力，丰富学生的语文学习经历，促进学生的语言积累，带动每位学生都享受语文学习的快乐。

（一）"宽度语文节"的内容与组织形式

以每年 4 月 23 日世界阅读日为契机，启动西园新村小学北校"读书日"活动。学校教导处根据学生年龄特点，在低、中、高不同学段，分别组织开展了"图书乐漂流""乐读趣演""小天鹅悦读秀""小天鹅绘本展"等系列主题读书活动。着力推介小学生阅读书目和师生原创的优秀文学作品，在学生中倡导"与好书为友"的理念，积极倡导快乐阅读，快乐交流，引导孩子们明白在书中不仅能获得知识，也能获得快乐。"读书日"系列活动的开展，更加激发了孩子们读书的热情，使每一只"小天鹅"都愿意继续在书海徜徉，快乐成长。

开设"天鹅杯"小学生作文节。培养中小学生良好的阅读写作习惯、方法和能力，拓宽阅读范围，激发文学兴趣，发现、培养、选拔有文学潜质和文学爱好的学生，创设以文学社为活动主体的阅读写作氛围，逐步形成全校文学素养发展水平的动态评估奖励机制，让浓郁的书香洋溢校园，让阅读写作伴随学生成长。为了更好地为学生的文学活动搭建更广阔的平台，要积极和各种网络、报社等单位建立长期的合作、协作关系。

开设"文学讲座日"。邀请作家、学者前来讲座，也可充分利用本地资源，邀请当地的作家、专家开设专题讲座，举办名师讲堂。鼓励小学语文名师参与活动和讲座，激发学生的文学兴趣和内在追求。举办文学论坛，开设"小文学家"论坛，鼓励引导优秀文学少年之间开展合作交流，形成各类笔友会、博友会。举办"校园新闻故事会""小小即性演讲会""唇枪舌剑辩论赛"，在各学段开展各类主题鲜明、形式多样的"故事会""演讲会""辩论赛"，以培养和发展学生敢于言说、善于倾听的口语交往能力。

举办"我为你诵读"活动。向全校学生推荐阅读书目，提高学生对书籍和信息的甄别、选择与价值判断能力，引领学生博览群书，打好精神底子，提升人文素养。采用小学生喜闻乐见的班级读书会、诵读比赛、舞台剧、课本剧等灵活多样的活动形式，引导学生在名篇诵读、情景表演中进行积累深度体验。

举办讲故事比赛活动。为了深化学校阅读特色的开展，培养学生良好的口语表达能力，结合在学校开展的读书活动，在二年级举行"童话大王故事比赛"，增强学生课外阅读能力，同时激发他们表演的兴趣，学习课内阅读和课外阅读相结合的读书方法，深度体会读书的乐趣。

（二）"宽度语文节"的评价标准

"宽度语文节"的评价聚焦活动全过程，从目标、实施、过程、影响四大环节进行评价，力求达到目标明确、实施有序、过程有质、影响有力。"宽度语文节"，使学生热爱祖国的语言文字，让学生的校园生活充满语文味，使其在丰富多彩的活动中提高学生语文素养。具体评价量表见表 3-1-14。

表 3-1-14 "宽语文"课程活动评价量表

等级 指标	优 完全达到 （90—100）	良 基本达到 （80—89）	合格 部分达到 （60—79）	不合格 少量达到或未 达到（60以下）
目标明确 （25分）	活动目的明确，符合"宽度语文"课程实施需求	活动目的清晰，与"宽度语文"课程实施有一定联系。	活动目的明确，但与实际情况不太吻合。	活动目的不明确，与学科课程主旨不吻合。
实施有序 （25分）	活动方案操作性强，任务明确，分工合理。	活动方案较清晰，实施过程较为顺利。	活动方案不够完整，分工还需调整。	缺少活动方案。
过程有质 （25分）	学生参与面广，活动过程效果突出，学生体验感、提升感强。	有一定的参与面，学生在活动中，各方面的习惯、素养有一定提升。	学生参与面不太广，过程体验性一般。	只有个别学生参与，缺少普及性与学科性。
影响有力 （25分）	活动影响力较大，在学生、教师、家长中反响较好。	活动有一定的影响力，宣传辐射还需进一步加强。	活动有一定的影响力，宣传报道基本能够满足原来的需求。	活动不够成功，影响力不够。

七、开展"宽度赛事"，激发语文学习的积极性

"宽度赛事"是学校别开生面的语文学科性竞赛，定期开展，已具有一定的经验。"宽度语文"校园赛事课程，通过每年一度的各种赛事评比，发展学生的特性特长，展示学生的风采。

（一）"宽度赛事"的内容

1. 经典诵读比赛。每年 4 月组织全校范围内的吟诵经典比赛，以班级为单位，所有班级参加，每班作品 5—8 分钟。

2. 规范汉字书写比赛。每年 6 月组织全校范围内的学生规范汉字书写比赛。一、二年级为五言古诗，用铅笔书写；三、四年级为七言古诗，用钢笔书写；五、六年级为经典美文或诗句，用钢笔或者毛笔书写。

3. 课本剧比赛。六一前夕，在一至五年级组织开展课本剧比赛。比赛前，各班先组织推荐，然后受推荐学生参加学校级的比赛。

4. "我是小作家"写作大赛。每年 10 月中旬组织开展写作大赛，一、二年级是写话比赛，三到六年级是记叙文写作。

5. 举办手抄报比赛。为了丰富同学们的校园文化生活，营造浓厚的学习氛围，尽情展示我校小学生风采，每逢传统节日，我校便会举办相关的手抄报比赛。这既能锻炼学生创造、书写、绘画、收集材料等多种能力，又激发学生深入学习的兴趣及创新能力。

（二）"宽度赛事"的课程评价

"宽度赛事"以各种比赛为课程内容，需要具备详细的比赛规则，对每门赛事课程的评价，我校是从四个方面展开的。

1. 比赛体现"以生为本"的理念。教师在各种赛事活动中，要注意角色的转变，从"第一角色"的地位向学生活动的组织者、促进者及服务者转换。

2. 比赛具有"公正透明"的规则。每项赛事，都要建立完备的赛事方案，尤其对比赛规则的制定，要有严密的评分系统，避免出现比赛不公正，影响学生比赛成绩的现象。

3. 比赛的效果乐于接受。比赛不能仅仅为了成绩而进行，而是要将比赛的内容融入到日常的教学行为中，使学生的技能不断得到提高，不能搞突击训练，以致影响正常教学秩序，使学生产生负面情绪。

4. 比赛全面关注学生。比赛的结果应全面关注学生，对不同层次的学生需要设定不同层次的标准，以激励原则为主。

我们希望通过此方案，促进儿童身心发展，用有宽度的语文，提供无限向上的力量。

（撰稿人：杨雪　方刘兆　胡文娟　时丹丹　章崇远　夏佳佳）

精彩语文：让生命成长精彩纷呈

合肥市新城小学语文组，现有语文专任教师 20 人，其中省级教坛新星 1 人，市级学科带头人 2 人，市级骨干教师 3 人，优秀骨干教师占语文教师总人数的 20%。近年来，我校语文组教师积极参加市、区教育主管部门组织的各类教科研活动，在国家级、省市区各级优质课大赛中屡获殊荣。为有效推进我校语文学科课程建设，语文组依据《教育部关于全面深化课程改革 落实立德树人根本任务的意见》《义务教育语文课程标准（2011 版）》等文件，推进我校"精彩语文"课程群建设。

第一部分 学科课程哲学

一、学科价值观

"语文课程是一门学习语言文字运用的综合性、实践性课程。义务教育阶段的语文课程，应使孩子初步学会运用祖国语言文字进行交流沟通，吸收古今中外优秀文化，提高思想文化修养，促进自身精神成长。工具性与人文性的统一，是语文课程的基本特点。"[1] 基于这种认识，我们认为，语文课程的核心价值是：让学生在生活中学习祖国语言文字的运用，在成长中体验语言文字的美，在感悟中促进精神成长。我们以"精彩语文"为载体，打造

---

[1] 中华人民共和国教育部. 义务教育语文课程标准（2011 年版）[S]. 北京：北京师范大学出版社，2012：2.

精彩纷呈的课程群文化，引领孩子体验生命的成长，培养孩子语言文字的运用能力，提升孩子的语文素养。

二、学科课程理念

基于《义务教育语文课程标准（2011 版）》，结合我校"精彩教育"的育人目标，以及语文学科的实际情况，我们提出"精彩语文"。教育家陶行知先生说过，生活即教育，社会即学校，要教学合一。"精彩语文"它来源于精彩的生活，同时还要回归精彩的生活。基于这种理解，我校制定了课程理念：让生命的成长精彩纷呈。让孩子在精彩纷呈的语文世界里积累知识，收获体验，感悟生命，提升语文素养，丰富精神品格。

"精彩语文"是精妙绝伦的语文。语文课堂应遵循语文教学的基本规律，用精妙绝伦的点拨，引导学生追寻语言文字的精妙本源。

"精彩语文"是多姿多彩的语文。中华文化博大精深，孩子们在语文的世界里不仅要汲取更广博的知识，还需要与生活亲密接触，在语文学习中拥有独特的审美，认识更丰富的世界。

"精彩语文"是思绪纷飞的语文。语文要启发儿童关注自己独特的思想，发展思维模式，享受语文学习带来的成功体验。

"精彩语文"是呈现生命的语文。语文教学的目标是要亲近儿童的生命状态，滋润孩子的心灵，使其在学习知识的过程中得到生命的感悟。在顺应孩子学习的天性的前提下，引领孩子自然成长，培养语文的核心素养。

第二部分　学科课程目标

基于对《义务教育语文课程标准（2011 版）》的理解，对学科课程理念的认识，我校从识字写字、阅读、写作、口语交际、综合性学习五个方面构建了"精彩语文"课程体系，并结合我校现阶段实际校情制定了以下目标。

一、学科课程总目标

1. 在语文学习过程中，培养爱国主义、集体主义、社会主义思想道德和健康的审美情趣，发展个性，培养创新精神和合作精神，逐步形成积极的人生态度和正确的世界观、价值观。

2. 认识丰厚博大的中华文化，汲取民族文化智慧。关心当代文化生活，尊重多样文化，吸收人类优秀文化的营养，提高文化品位。

3. 培育热爱祖国语言文字的情感，增强学习语文的自信心，养成良好的语文学习习惯，初步掌握学习语文的基本方法。

4. 在发展语言能力的同时，发展思维能力，学习科学的思想方法，逐步养成实事求是、崇尚真知的科学态度。

5. 能主动进行探究性学习，激发想象力和创造潜能，在实践中学习和运用语文。

6. 学会汉语拼音。能说普通话。认识 3500 个左右常用汉字。能正确工整地书写汉字，并有一定的速度。

7. 具有独立阅读的能力，学会运用多种阅读方法。有较为丰富的知识积累和良好的语感，注重情感体验，发展感受和理解的能力。能阅读日常的书报杂志，能初步鉴赏文学作品，丰富自己的精神世界。能借助工具书阅读浅易文言文。背诵优秀诗文 240 篇（段）。九年课外阅读总量应在 400 万字以上。

8. 能具体明确、文从字顺地表达自己的见闻、体验和想法。能根据需要，运用常见的表达方式写作，发展书面语言运用能力。

9. 具有日常口语交际的基本能力，学会倾听、表达与交流，初步学会运用口头语言文明地进行人际沟通和社会交往。

10. 学会使用常用的语文工具书。初步具备搜集和处理信息的能力，积极尝试运用新技术和多种媒体学习语文。①

二、学科课程年级目标

根据《义务教育语文课程标准（2011 版）》、部编版语文教科书以及相关教学用书，结合我校"精彩语文"课程理念，我们制定了"精彩语文"年段课程目标，现以三年级下学期为例（见表 3-2-1）。

---

① 中华人民共和国教育部. 义务教育语文课程标准（2011 年版）[S]. 北京：北京师范大学出版社，2012：2.

表 3 - 2 - 1 "精彩语文"课程三年级下册单元课程目标表

单元	课 程 目 标
第一单元	共同目标： 1. 多种形式的识字方法来识记生字和朗读课文。 2. 喜爱四季，热爱祖国，有保护小动物的意识，养成认真听别人讲话的习惯，有读书的意向。 校本目标： 发现校园四季的美，激发孩子们热爱校园，热爱自然之情。
第二单元	共同目标： 1. 认识并能正确书写课文要求会写的生字。学习用普通话正确、流利、有感情地朗读课文，背诵要求背诵的课文。 2. 结合上下文和生活实际理解课文中词语的意思，在阅读中积累词语。图文结合理解课文的内容，将观察图画和熟读课文结合起来，将对图画和文字的理解与丰富的想象结合起来。 3. 通过本组的学习，孩子懂得饮水思源的道理，明白今天的幸福生活来之不易，潜移默化地受到熏陶和感染。 校本目标： 通过主题活动，激发孩子们对于成语的喜爱，引导孩子们了解故事，理解成语，灵活运用。
第三单元	共同目标： 1. 通过拼读、比较、识记学习生字词语；通过设置主问题，开展合作与探究，围绕关键词语深入学习并体会所涉及的句子的意思；认真观察田字格中的占位，突出相同部件的不同写法。 2. 懂得人与人在相处时需要相互关心、相互帮助、相互爱护、共同欢乐。在联系生活实际体会时，可以感受到应该如何去帮助或者安慰那些孤单的人。 校本目标： 在活动中，引导孩子学会用欣赏的眼光看别人，善于发现同伴们身上的闪光点。
第四单元	共同目标： 1. 正确、流利地朗读课文，读好课文中的长句子，积累优美语言。 2. 通过联系生活、创设情境、多媒体展示、游戏的方法识记生字；找重点词句以及利用形式多样的朗读帮助理解课文内容，体会课文情感；对经典诗歌和儿歌熟读成诵，达到主动积累语言的目的。 校本目标： 通过"精彩之旅"等活动，孩子们产生爱家乡、爱祖国、爱亲人之情，立志做一个勇敢的精彩少年。
第五单元	共同目标： 1. 能正确、流利、有感情地朗读课文，利用已有生活经验，通过偏旁归类、对对子识字、韵语识字等多种方法识字；在活动中培养孩子广泛的兴趣爱好，陶冶美好的情操。 2. 进一步了解汉字的文化内涵，喜欢学习汉字；留心观察校园生活，体验生活的多彩和乐趣；对交流有兴趣，愿意与人交流；感受课外阅读的趣味。 校本目标： 在主题活动中体会生活中有欢乐，也有烦恼，只要有乐观的心态，一切都会变得美好。

单元	课 程 目 标
第六单元	共同目标： 1. 能正确、流利、有感情地朗读课文，能分角色朗读课文，养成运用识字规律自主识字，采用多种方式读准字音，提高自主识字的能力，养成良好的识字、写字习惯。 2. 在老师的指导下，细心观察课文插图，了解课文内容；运用灵活多样的形式读课文，采用独立自学、师生互动、生生互动、合作交流等方式学习。 3. 培养孩子主动识字、乐于识字的习惯，产生书写规范、工整、美观的良好愿望，提高识字兴趣，激发对我国语言文字的热爱。 校本目标： 让学生感受夏天的童趣、夏天的美好，激发孩子们探索自然奥秘的兴趣。
第七单元	共同目标： 1. 能正确、流利、有感情地朗读课文。培养孩子主动识字、乐于识字的习惯，产生书写规范、工整、美观的良好愿望，提高识字兴趣，激发对我国语言文字的热爱；明白养成好习惯的重要性。 2. 养成合理收拾文具、早起早睡的好习惯；运用灵活多样的形式读课文，采用独立自学、师生互动、生生互动、合作交流等方式学习。 校本目标： 培养学生爱阅读的好习惯，培养精彩少年。
第八单元	共同目标： 1. 会用猜字法进行识字，在朗读课文中学会朗读人物对话，把握故事情节，理解课文内容。 2. 培养孩子主动识字、乐于识字的习惯，产生书写规范、工整、美观的良好愿望，提高识字兴趣，激发对我国语言文字的热爱。 校本目标： 培养孩子们喜爱小动物的情感，做生活的有心人，善于思考。

第三部分 学科课程框架

依据《义务教育语文课程标准（2011 版）》课程目标内容，结合我校具体学情，语文组构建了"精彩语文"学科课程的具体框架，将国家基础类课程和校本拓展类课程巧妙融合，这样既能保障孩子具备学科基本能力和素养，又为孩子的个性发展和特长发展提供助力。

一、学科课程结构

"精彩语文"课程建设充分发挥生命个体的主体性和发展性，从孩子的内在成长与需求出发，向着"精致识写""精美阅读""精彩口语""精练写

作""精巧综合"这五个维度发散辐射，构建学科课程。（见图3-2-1）

图3-2-1　"精彩语文"学科课程结构图

精致识写：目的是为孩子日后的自主识字打下基础。培养孩子主动识字的兴趣，同时提高他们的识字能力，从而激发他们对祖国语言文字的热爱。

精美阅读：它是以引导孩子利用语言文字，获取信息、积累言语、增长见闻、认识世界为目的的活动。提供丰富的文本，使孩子感受、理解、领悟文字带给心灵的触动。使孩子在阅读大量文本的同时掌握多种阅读的方法和技巧，提高独立阅读的能力和兴趣，培养较为丰富的语言积累和良好的语感，发展感受和理解的能力，探索在语文课堂中引导孩子在品读语句的过程中品味语言。

精练写作：以形式多样的习作学习方式来开启孩子的文学创作之旅。重视孩子的观察、感受和体验，注重真实的表达，利用多种活动激发孩子的写作热情。

精彩口语：选择贴近儿童生活的话题，通过师生、生生之间的活动组织教学，培养孩子运用文明语言进行人际沟通和社会交往。通过创设真实的学习情境，锻炼孩子们的语言表达能力。

精巧综合：通过开展语文综合性实践活动，促进孩子养成合作、分享、积极进取等良好的个性品质和交往能力，培养孩子收集和处理信息的能力、发现和解决问题的能力。

二、"精彩语文"课程设置

打破固有的学科界限和传统的知识体系，注重生命成长系统内部各要素的开放性、非线性和协同性，是"精彩课程"的主要方向。我校在完成国家基础类课程的同时，根据儿童的实际需求，结合学校"智慧城"课程模式，开发了丰富多彩的拓展课程，整合人文环境、生命体验等成长要素，逐步完善"精彩语文"的课程设置（见表3-2-2），让孩子的学习体验与生命成长相辅相成。

表3-2-2 "精彩语文"课程设置表

年级 \ 版块		精彩识写	精彩阅读	精彩口语	精彩写作	精彩探究
一年级	上学期	汉字开花	拼音助读	这就是我	写写我自己	认识新同学
	下学期	识字运动会	亲子乐读	一起做游戏	看图写话	寻找春天
二年级	上学期	字典小老师	趣味绘本	看图编故事	我爱秋天	传统节日我知道
	下学期	部首大集结	童话世界	奇妙大自然	句型中转站	秋天的色彩
三年级	上学期	书写小能手	寓言故事	动画趣谈	日记天天记	春联小知识
	下学期	说词解意	成语世界	最爱的季节	我会写童话	树叶画
四年级	上学期	字海拾趣	趣谈历史	我选我	自然新发现	家乡新貌
	下学期	有趣的多音字	好书共读	校园小主播	放飞想象	诗词中的月
五年级	上学期	巧说汉字	西游漫谈	学做主持人	我手写我心	节水小卫士
	下学期	汉字之美	共赏三国	朗读者	读书有感	说名道姓
六年级	上学期	追字溯源	走近鲁迅	小演说家	小小说创作	每月播报
	下学期	听写大赛	书海拾贝	精彩辩论赛	我的作品集	我的成长册

第四部分 学科课程实施

"精彩语文"建构出"精彩课堂""精彩社团""精彩节日""精彩赛事""精彩之旅"等五大实施途径来落实课程目标，提升课程品质，依据语文课程标准来践行"让生命成长精彩纷呈"的课程理念。

一、打造"精彩课堂"，推进学科课程实施

"精彩课堂"以"让生命成长精彩纷呈"这一核心理念为基点，在原有的课堂文化的基础上，形成作用于各个框架维度的射线，由此我们重新调整了课堂的教学文化，聚焦孩子的核心素养，致力于创设精彩纷呈的"精彩课堂"。

"精彩课堂"是指教师在深入理解课程体系和教材的前提下，将教学内容精彩呈现，引导孩子去探索语文世界的丰富内涵，延伸语文课堂，构建精彩的语文天地。"精彩课堂"的实施具体如下。

1. 多措并举，提高水平。开启语文教师能力素养提升工程，加强基本功操练，定期组织教师进行主题培训、学习。如在每周进行教师粉笔字展示；借助上级各类活动进行说课、磨课活动；邀请信息技术教师为语文组教师进行课件制作等培训，提升教师信息技术的运用能力；为每一位语文教师精心挑选优秀的学科理论书籍或者杂志，为大家的理论学习提供丰富的素材。教师通过学习、交流，提高业务水平，从而打造"精彩课堂"。

2. 扎实教研，研究教法。抓实教研组活动和学科组活动，进行常态教研、深度教研，在活动中积极研讨，立足"精彩语文"理念，结合实际校情，研究教法。如借助每学期的校内公开课平台，鼓励老师打破传统授课方式，以"自育自学"、学科融合课、语文综合实践课等模式进行主题教学。

3. 立足课堂，操练技能。"精彩课堂"的40分钟要精彩。通过深入课堂、常态观课的模式，以及师徒结对课、青年教师展示课、骨干教师示范课等形式，组织新教师学习优质课例，开展经验分享等活动，从而践行"精彩课堂"。

4. 课题引领，解决问题。对全体语文教师进行课题研究的专题培训，使教师能从课堂教学中引发思考，能从教学工作中提出问题，抓问题，共讨论，研课题，解决实际教学难题。

二、建立"精彩社团"，拓宽语文学习的天地

"精彩社团"建设以"精彩语文"为方向，以"语文兴趣"为主导，以"语文实践"为落脚点，在尊重孩子需求和个性选择的前提下，通过培养孩

子的兴趣爱好，助其发展个性特长，为孩子提供展示自己爱好与技能的广阔舞台，让他们展现最真实的自己。课程设置如表3-2-3。

表3-2-3 "精彩社团"课程设置表

年段	课程名称	课程目标	课程介绍
一到三年级	小小书法家	掌握书写技巧，养成良好的书写习惯	指导习字坐姿、握笔方法、临摹要点，引导学生认识偏旁部首，欣赏间架结构。
	星空绘本馆	养成阅读习惯，感受绘本所带来的喜悦	通过读绘本、说绘本、画绘本等多种方式，锻炼孩子阅读、思考、想象等能力。
	童话小剧场	激发儿童阅读的兴趣	通过对童话故事的表演，提高口语表达能力及表演能力，孩子在表演的过程中，感悟童话世界的精彩有趣。
	小主持人	锻炼孩子们的语言表达能力	通过阅读、朗诵、绕口令、情境对话、模拟主持等方法，培养儿童具备小主持人的各项基本技能，开阔儿童视野。
四到六年级	墨香书苑	激发儿童对祖国语言文字的热爱	通过软笔书法的练习，儿童养成良好规范的书写姿势，在练习的过程中，感悟书法艺术的博大精深。
	经典诵读	熏陶中华传统文化，促进孩子言语积累	通过诵读经典古诗文，儿童形成良好的道德情操，成长为德才兼备的精彩少年。
	校园记者站	培养孩子收集信息和处理信息的能力	通过指导小记者学习新闻采访、撰写、编辑和参与一系列社会实践活动，促进孩子练胆量、长见识、增才干。
	春晖文学社	注重真实的表达，激发儿童写作热情	放手让儿童写"放胆文"，指导儿童我口说我心，我手写我口，抒发真情实感，呈现出精彩的内心感悟。

在学校社团方案的统领下，每学期初，举行全校性的"精彩社团招募会"，由社团教师进行招募。社团活动要做到有计划、有准备、有目标，同时，每次活动都做到有记录、有总结。在每个学期末，也就是每年六月和十二月，学校举行"精彩社团"成果展示会，为优秀社团搭建精彩舞台，在全校展示。"精彩社团"形式多样，针对不同年龄的孩子，开设不同的社团。为了更好地发挥社团的作用，让孩子们都能在丰富的社团活动中有所收获，学校将孩子按学段分开开展社团活动。每周三下午是一至三年级的社团活动时间，周五下午为四至六年级的社团活动时间。在社团活动中，鼓励孩子积极

参与，在活动中展示精彩的自我。

三、举行"精彩赛事"，激发孩子语文学习兴趣

在我校学科课程群方案中，每个精彩要素都是从孩子生长与发展的需求为出发点，呈发散的状态映射课程内容的生长点。"精彩赛事"在让孩子获取知识的同时，助其激发情感、总结经验、实现成长。比如我校通过组织赛事，以赛促学，孩子们能在活动中明白合作的重要性，更能收获解决问题的勇气，从而释放最真实的自己，点燃学习语文的激情。

"精彩赛事"的实施从语文学科的特点出发，赛事活动涵盖识字与写字、课内外阅读、写作、综合性学习多个方面。就赛事的活动范围和区域来说，有班级层面的由任课教师组织的专项小赛，有年级层面的主题赛事，还有校级层面、全员参与的大赛活动。语文学科校级赛事详见表3-2-4。

表3-2-4 "精彩赛事"安排表

赛事名称	时间安排	具 体 操 作	目的
"诗歌插画"创作	九月	利用学校微信公众号等多种媒体和平台对优秀作品进行宣传评选。	启发创新思维
汉字听写大会	十月	重点评价孩子识字写字的能力和词汇量的积累，按实际成果确定名次。	促进识写能力
金话筒小主持人大赛	十一月	学校根据不同情境选定主持话题，班级、年级、校级逐次晋级，推选获奖孩子参加同年的元旦主持活动。	提高口语表达
精彩故事演讲	三月	学校确定演讲比主题；班级选拔赛、年级预赛、校级决赛，逐次按比例确定获奖名额。	丰富阅读体验
小书法家大比拼	四月	重点评价孩子的书写姿势、书写质量、卷面整洁度等方面。重视阶段性学习成果，展示交流过程。	培养书写习惯
经典诵读大赛	五月	以班级为单位，重在考量能否运用多种途径和方法对作品再创作。团体赛中的优秀作品，将被学校推荐参与更高一层级的展示和比赛。	熏陶经典文化

四、设立"精彩节日"，丰富孩子语文生活体验

制定丰富多彩的节日活动课程，让孩子在体验教育和实践活动中丰富感

性体验，提升理性认知；搭建学习和研讨的平台，促使孩子在交流中增强认识，增加能力，关注民俗风情，亲近传统文化，弘扬华夏文明。具体节日设置见表 3-2-5。

表 3-2-5 "精彩节日"课程内容设置表

节日名称	时间安排	活动内容	活动目的
绿叶节	三至四月	绿叶儿童诗、绿叶小名片	通过观察校园植物，撰写植物名片、儿童诗，激发儿童对祖国语言文字的热爱。
翰墨节	五至六月	翰墨书法展、书写达人秀	通过现场写，课后展的方式，促进儿童掌握书写技巧，熏陶中华传统文化。
趣文节	九至十月	错字小侦探、接龙大师	通过寻找错别字，养成良好的书写习惯；成语接龙游戏促进孩子言语积累。
读书节	十一至十二月	写春联、赛古诗	养成阅读习惯，感受经典古诗词的魅力。

具体而言，实施"精彩节日"是有序组织开展读书节主题活动，以营造健康文明、清新高雅、积极阳光的校园文化氛围，从而激发孩子阅读的兴趣，培养孩子爱读书的好习惯，使其真正体验到"我阅读，我快乐"，发掘各类非线性因素对孩子个性发展的促进效果。活动形式丰富多样，如说一说——在轻松的氛围里，跟大家分享有关读书的趣事；读一读——营造温馨安静的环境，走近名家名篇，享受阅读带来的欢愉；静一静——把握安静阅读的时间，徜徉知识的海洋，捕获思想的火花；做一做——鼓励孩子将阅读书目，制作成图文并茂的读书卡片；推一推——撷取好书推荐给大家；评一评——依据孩子的阅读量和质量评选出"书香孩子""书香家庭"并颁奖。

五、开启"精彩之旅"，感受别样的语文世界

语文是实践性很强的课程，应关注孩子在具体的情境与相互作用中，培养孩子的实践能力，而培养这种能力的主要途径就是语文实践。基于"精彩语文"的课程理念和目标，通过整合校内外课程资源，以校外实践活动为载体，引"源头活水"设计了"精彩之旅"研学旅行课程。通过具体研学课程

的实施，发挥孩子的自主能动性，实现语文素养的自组织演化。孩子通过参与研学旅游课程，熟悉家乡热爱家乡，进一步增强自我归属感。

"精彩之旅"的实施根据不同内容，分年级进行，每个年级都有各自的主题和学习，具体见表 3 - 2 - 6。

表 3 - 2 - 6　"精彩之旅"课程设置表

课程内容	实施年级	学 习 任 务
我爱新学校	一年级	参观校园，认识各种校园活动、功能场地，会向新老师介绍自己，能认识新朋友。
美丽的花园城	二年级	了解董铺水库，徒步花园城中湖，向家长讲述努力的一天。
探寻大蜀山	三年级	了解大蜀山的地理位置、地貌特征，认识森林公园里的一些植物，帮助环卫工人捡拾垃圾，呼吁行人爱护环境。
科技的魅力	四年级	参观科大讯飞等高新产业基地，参观科技馆，感受科技带来的生活变化，敢于想象未来的世界，给未来的自己写封信。
历史上的今天	五年级	参观渡江战役纪念馆、安徽省博物馆、李鸿章故居，了解历史，感受中国文化的积淀和发展变化，激发爱国之情。
三河古韵	六年级	寻梦古镇三河，感受徽州文化之美，品尝三河美食，制作手绘游览地图，当一名小导游。

总之，我校的"精彩语文"学科课程群方案从"识字与写字""阅读品味""口语交际""写作表达""综合性学习"五个方面分学段构建本校的学科课程结构，尊重课程与学科要素之间的内在联系，用纵向与横向、直线与螺旋的结构形式设置课程内容，最大限度回归"知识"的原点，激发学生"学习"的动力，使之成为素质教育的真正载体。

（撰稿人：冯璨璨　朱金云　李树秀　王珏　孙巧君）

第四章

教育是与每一个生命体和生命群体的交流，自组织建构下的新课程通过不断创造条件，鼓励孩子通过多种感官训练手段以合作、聊天、体验、实践、迁移等方式促成真正意义的学习，进而实现孩子成长的独立性、选择性、多变性与差异性，为语文学习注入活力，从而将单一课程的狭窄范围扩展到课程的深度整合，达到生命与学习的有效融合。

自组织课程：生命与学习的整合

自组织是自然或客观事物本身自主地组织化、有序化的过程。教育是与每一个生命体和生命群体的交流，人的生命系统是开放的、复杂的、时刻变化的系统，自组织课程是指以教育的方式转变和增善人性。自组织课程改变了传统的单向灌输和约束，更多的是复杂关系中的多向交流与学习，为儿童提供了多元化、有层次、有选择的课程，让快乐滋养儿童的心田，让儿童的天性与智慧犹如青翠的幼苗，享受着雨露的滋养。而在这之中，儿童则化竞争为合作，通过积极参与、自主探索到主动探究，在实践活动的基础上习得经验、建构知识、培养能力，引领个体全面发展。因此，语文课程要打破传统教育的局限，实现生命与生命之间的美妙互动。实践，行动，从做中学是儿童学习的好方法。学习是具体的，只有孩子亲身经历和体验才称得上是学习。我们要不断创造条件，鼓励孩子通过多种感官训练手段，以合作、聊天、体验、实践、迁移等方式促成真正意义的学习，进而实现成长的独立性、选择性、多变性与差异性，为语文学习注入活力。

1. 留白学习。儿童的心灵成长需要留白。语文课程只有将儿童的内心与生活相连，与自然相融，儿童才能获得心灵的自由。"活力语文"打造"活力课堂"，设计开放性的教学内容，预留开放性的教学任务，给儿童留下足够的生长空间。"雅真语文"设置每年一度的讲故事比赛，在选拔"班级故事大王""校园故事新星"等活动中，让儿童对故事文本的留白空间进行创造性发挥，从而发展儿童的个性特长，展示儿童的风采。

2. 检索学习。信息检索能帮助儿童快速、正确、全面地获取知识，是当下学习中不可或缺的能力。"活力语文"和"雅真节日"课程设置注重对儿童检索学习能力的培养。"活力读书节"中的"读名著绘思维导图"，"雅真节日"中的"读书日"等活动，目的均在于训练儿童的检索能力。儿童在阅读中感悟，再在脑海中搜索，最后从互联网检索，提取有效信息，从而整合成自己的阅读成果，最终将这一过程内化为自己的学习方式。

3. 问题学习。学习的过程就是不断解决问题的过程。"活力语文"和"雅真语文"为发展儿童在实践中解决问题的能力，在"国学经典知识大赛""雅真之旅"等课程中，设置了"有问必答""指手画脚""眼疾手快""巅峰对决"等问题环节，以及实地探访包公祠、烈士陵园等本地景点的活动，让儿童在问题情境中利用自主学习或小组合作等方式寻求解决问题的方法，从中形成解决问题的能力。

4. 整合学习。为了让儿童的学习过程完整而有意义，"活力语文"和"雅真语文"在课程设置中策划了"活力实践""雅真之旅"，让儿童在参观地质博物院，探访渡江战役纪念馆等活动中实现学科与学科、学科与生活的整合。

本章节指向学习方式，就自组织课程下学习方式的变革来阐述生命与学习的整合。学科课程方案中学生的学习不是被动地接受学习，而是非线性、开放性、非平衡态的自主学习过程。学习方式由单一的听中学转向多感官参与。

语文课程应重视儿童的心智发展，重视其身体力行的实践经验，由直接传授知识到帮助学生感悟学习过程，提升思维品质。孩子通过自我感悟，提升思维能力，最终有所收获。这些样态体现出一些共同的新的突破：第一，学习被赋予了更为丰富的内涵，关联学生一生的长度，实现了学习观突破；第二，将"学生是如何学习的"视为教学必须直面的基本问题，实现了教师的角色突破；第三，学习空间开始超越常规课程与课堂，与社会、生活进行关联，实现了学习内容突破；第四，鼓励学生将知识加以应用，在具体实践中进行深度学习，实现了对传统符号学习的突破。

总之，孩子的学习不仅是认知的过程，也是一个交往的过程，更是一个实践飞跃的过程。要从单一课程的狭窄范围扩展到课程的深度整合，达到生命与学习的有效融合。

第一节

活力语文：让儿童语言充满活力

合肥市蜀山小学语文组，目前语文老师 38 人，其中 3 人是市级骨干教师， 4 人是高级教师， 19 人是一级教师。语文教研组获得合肥市优秀教研组称号，近三年在全国信息技术课堂融合大赛中 6 人获奖，全国多媒体信息技术大赛 10 人获奖，蜀山区教学基本功大赛 12 人获奖，蜀山区品质课堂大赛中 7 人获奖。合肥市蜀山小学语文以教研组为单位开展教学研究，开展各种研讨、听课、评课、磨课活动，定期组织教师基本功大赛，"品质课堂"展示活动，充分发挥"行知堂""映山红"研课团队的力量，积极参与各级各类教学活动，基本形成一定的教学风格，语文课堂深受孩子们欢迎。

第一部分　学科课程哲学

一、学科价值观

语文课标中指出："语文课程是一门学习语言文字运用的综合性、实践性课程。"[①] 语文课程关注儿童听、说、读、写的综合发展，重视儿童运用语言的能力、阅读能力的提高。将生活实际与语文学习相融合，将课堂与课外融为一体，将语文的学习渗透到生活中的点点滴滴，渗透到各个学科中，使儿童通过学习掌握不同的处理问题的方法，在学习中开阔视野，成长为适应

---

① 中华人民共和国教育部. 义务教育语文课程标准（2011 年版）[S]. 北京：北京师范大学出版社，2012：2.

现代社会发展的有价值的人。

基于以上认识，我们将语文课程的核心价值定义为：语文课程是我国优秀传统文化的体现，我国优秀的文化传统主要通过语文课程加以传承，通过语文课程，培养儿童读书的能力、积累和感悟的能力，注意激发儿童的想象力和创造力。我们以"活力课堂"为平台，让语文课堂成为每一个儿童旺盛求知欲和内在生命力的源动力。引领儿童用充满活力的语言自由表达，用充满活力的思维展开想象，达到提升儿童语文素养的目标。

二、学科课程理念

语文课标提出语文课程的基本理念：语文课程应该是开放的、富有创新活力的。针对不同年龄段，不同儿童都能安排与之相适应的课程内容及资源，设计有层次的、有梯度的、系统的课程目标，运用多样的学习方法来适应不同的儿童，运用不同的评价方式与尺度来激励儿童的进取心。我们希望用充满活力的课堂去细心呵护每一个儿童，激发儿童学习语文的热情，以"活"中的"生活""灵活"和"活泼"培养儿童的个性，以激发儿童的"创造力""想象力"和"实践力"为目标，让语文学习在课堂中真正落实在儿童身上，让儿童大胆想象，自由表达，自由创造……让每一个儿童都成长为充满个性的、有活力的生命体。因此，我们提出了符合我校语文课程特点的"活力语文"课程理念，我们认为：

"活力语文"即贴近生活实际的语文。语文即生活，只有将语文置于生活之中，语文的内容才能正确，儿童的语文能力才能提高，课堂中的语文才能精彩。生活即语文，生活是语文的活力之源，让语文回到生活中去，是对著名教育家陶行知"生活教育"的践行。语文教育需要向生活蔓延，向生活回归，在生活中寻找语文灵感。

"活力语文"即培养灵活思维的语文。思维能力的培养是与儿童的言语发展水平分不开的，在儿童语言能力逐步发展的同时，其思维能力也在逐步发展。儿童在学习活动的过程中，人类在创造发明的过程中，都与思维密不可分。因此，在语文教育中要注重对儿童灵活思维能力的培养。

"活力语文"即发展活泼、有个性的语文。儿童是我们教育的对象，是我们需要关注的"人"，是会个性发展的"人"。语文课程是高扬人性、充满人文性的课程。小学语文教育应关注儿童的个性发展，尊重儿童的个性和创造力，发挥语文课程在教书、育人方面的功能，培养儿童全面发展和体验独特情感。

"活力语文"是饱含生命色彩的语文，是充满生命活力的语文，具体而言：

一为发生之"声"。课程标准中，无论是哪个年段，均十分注重对儿童朗读以及口头能力的培养。目标是儿童能正确、流利、有感情地阅读文章，在生活中具有与人正常沟通交流的能力，学会认真倾听别人的话语，善于表达内心的想法。活力语文，应是儿童敢于发声、乐于发声的地方。"不愤不启，不悱不发。"语文课堂应注重引导儿童表达自己的观点，启发思维，令儿童从语文课堂中学会与人沟通和交往的能力。

二为绘生之"色"。活力语文就是根据儿童的个体差异给予其不同的"颜料"，使其绘制不同的"色彩"，达到因材施教的目的。

三为抒生之"情"。语文是有灵魂的和情感的，我们在生活中表达情感、交流思想都离不开语文。它是一种媒介，也是传承文化的载体，是与我们的生命息息相关、共同存在的。语文中有无穷的"情"之魅力等着儿童去发掘。"活力语文"的情不仅包括教师通过教学这一手段让儿童感悟语文中的情，还包括让儿童感悟生命中的情，激发儿童对生命的热爱、对社会的热爱、对国家的热爱。

四为行生之"趣"：活力语文秉持"寓教于乐"的理念，给儿童创造了一种快乐、轻松、有趣、生动、民主的学习气氛，在激发儿童的学习兴趣的同时唤醒儿童的学习动机，鼓舞儿童在课堂中大胆学习，从而让课堂充满情趣，使语文教育收到实效。

第二部分　学科课程目标

"活力语文"着眼于"贴近生活实际"，聚焦于"培养灵活思维"，落脚于"发展活泼个性"，从学习"活力语文"的课程理念出发，以语文课标为依据，梳理出我校语文学科课程的总目标和年段目标。

一、学科课程总体目标

依据语文课标中总体目标的要求，结合我校"活力语文"的学科理念，我们确定语文学科课程的总体目标为"活力识写""活力阅读""活力写作""活力交际""活力实践"。

"活力识写"：识字与写字目标。认识汉语拼音并能正确书写，会根据拼音学写汉字，书写时做到横平竖直、正确、美观，书写要有一定的速度。

"活力阅读"：阅读目标。会指读、朗读、默读、浏览等多种阅读方法，并能在阅读中学会做读书笔记，积累自己觉得重要的读书内容。在阅读中培养良好语感，能理解阅读的内容。拓宽阅读的种类，文学作品、书报杂志、工具书等都能作为阅读的媒介。

"活力写作"：习作目标。会区分各类文体，会写简单的应用文，养成写作时应该先认真审题，确定体裁，再留心观察，积累素材，列提纲后再动笔，做到胸有成竹。养成能主动修改习作的好习惯，从而提高写作能力。

"活力交际"：口语交际目标。会运用从学习中、生活中学到的表达与人沟通，会认真倾听别人说话。与人交流时注意文明礼貌，能有与众不同的想法，并能大胆说出来。语言要有逻辑性、严谨性。

"活力实践"：综合性学习目标。从生活出发，将书本知识与生活实际紧密结合，将各学科知识紧密联系，培养儿童主动进行探究性学习的习惯，激发儿童的想象力和创造能力，让其将语文能力运用于日常的学习生活中。

二、学科课程年段目标

根据课程标准的要求，结合我校语文学科课程总目标和一至六年级的学情，我们设置了具体的年级目标，现以统编教材四年级上学期为例，说明单元课程目标的设定。（见表 4 - 1 - 1）

表 4-1-1　"活力语文"四年级上册课程年段目标表

单元	课 程 目 标
第一单元	共同目标： 1. 会认会写本单元要求掌握的 30 个生字及 28 个词语。 2. 能找出文中写得优美生动的句子并抄写在读书笔记上。 3. 写字时能注意观察字在田字格中的位置，注意间架结构，书写工整美观，注意字与字之间的间距，养成坚持练字的良好习惯。 4. 朗读并背诵课文指定内容。朗读、背诵古诗《鹿柴》。能在阅读中想象画面，与同学交流印象深刻的地方。培养良好的阅读习惯，形成充满活力的阅读氛围。 5. 初步了解作者的描写顺序。 6. 能根据词语想象画面并能大胆地与同学交流。能根据所给话题，与同学交流，发表自己的想法，培养活力思维。 7. 能认真倾听别人的发言并判断别人的发言是否与话题有关。 校本目标： 积累表示时间短暂的词语并能用一两个词语描述所选事物，动笔写下来。能根据课文相关段落仿写自己经历过的某个月下情景。学会向同学推荐某个地方，并会写推荐理由。
第二单元	共同目标： 1. 会认会写本单元要求掌握的 49 个生字及 46 个词语。能掌握形声字的规律，并运用规律自主识字。 2. 体会反复手法的作用，即运用反复和不用反复的句子在表达上有什么不同。 3. 掌握自问自答的手法，体会自问自答这种表达手法有什么作用。背诵关于"提问"的句子。 4. 阅读时，学会主动提问，选择对理解课文有帮助的问题，能站在不同角度看问题。 5. 能掌握提问的策略，在阅读时注意运用提问策略，能尝试自主解决提出的问题，养成积极动脑、主动思考的习惯。 校本目标： 能主动观察，留意家人与动物之间的相似之处，将能体现家人特点的地方写出来。能主动分享自己的习作，会修改不通顺的语句，借助语言体验表达的乐趣。
第三单元	共同目标： 1. 会认会写本单元要求掌握的 40 个生字及 32 个词语并读准 2 个多音字。将动物和它的"家"通过搭配连起来，知道动物"家"有哪些表达方式。 2. 积累表达准确、形象的句子。积累关于秋天的气象谚语。 3. 能有感情地朗读课文。会背诵默写三首古诗。会用不同的方法理解古诗大概意思，如借助注释、联系插图、想象画面，并能大胆描述出来。 4. 通过准确生动的语句，感受连续细致的观察体验。 5. 能联系周围环境及自己的生活经验主动观察周边事物，学会做观察记录，养成好习惯。 6. 在小组讨论时注意发言有序、音量适当，不重复、不打断别人说话，与别人想法接近时，可先认同再补充。培养活泼性格。 校本目标： 在持续细致地观察的基础上，用观察日记记录观察的整个过程，并整理观察日记。与家人及朋友分享观察日记，体会其中的乐趣，会对自己的观察日记做出合理的评价。

单元	课　程　目　标
第四单元	共同目标： 1. 会认会写本单元要求掌握的 32 个生字及 27 个词语，并会区分 2 个多音字。认识文中给出的与"花"有关的词语。 2. 会积累并运用"腾云驾雾、上天入地"等 8 个四字词语，看到词语能想到相关的人物或故事。 3. 读神话故事，能感受句子中神奇的想象，能说出其他故事中令人感到不可思议的地方。能与其他人分享自己与众不同的想法和见解。 4. 掌握多种阅读方法，有感情地朗读课文，背诵《精卫填海》《嫦娥》两篇神话故事。 5. 学会从了解故事发生的起因、经过及结果等方面把握文章内容。 6. 围绕"我和＿＿＿＿过一天"的话题展开想象，能从自己喜欢的神话或童话中选择一个人物，写一个故事。 7. 能认真倾听，并根据同学的意见修改习作，工整誊写习作。 校本目标： 感受神话丰富神奇的想象力，神话中人物形象的鲜明个性，能交流总结对神话的认识。知道神话故事该怎样阅读，有什么好的方法。积累整理课外读书方法并与大家分享，体会读书的收获。
第五单元	共同目标： 1. 会认会写本单元要求掌握的 23 个生字及 31 个词语，读准 1 个多音字。 2. 知道写事的文章可以按照事情发展的顺序写，可以把所见、所思、所想写下来，写清楚事情发展过程中的重要内容。 3. 知道抓住想法、语言及动作，详细描写事情发展过程中的重要内容。 4. 掌握将一件事写清楚，学会写事的方法。在认真观察图片的基础上，发挥想象，会用语言表达图片的内容。 校本目标： 知道如何运用动作描写一件事，描写自己是如何做家务的，将过程的层次写清晰，要有一定的顺序。
第六单元	共同目标： 1. 会认会写本单元要求掌握的 41 个生字及 46 个词语，会区分 7 个多音字的读音。 2. 能正确理解使用 8 个惯用语，能积累 6 个八字成语。 3. 学会做批注，在阅读时会用恰当的批注的方法边读边批注。掌握体会人物心情的方法，如通过描写人物的语言、动作等。体会文中细节描写，把握人物独特的个性特征。掌握联系上下文理解句子的方法。 4. 能换个角度，设身处地地体会被安慰者的心情，会用合适的方式安慰别人。掌握表达情感的方法，如运用不同的语调，配合手势等肢体语言。 校本目标： 能按顺序把游戏写清楚，用动作描写来表现人物心情，写出自己的想法和感受。
第七单元	共同目标： 1. 认识 30 个生字，会写 23 个字及 16 个词语，读准 3 个多音字。会用成语描写人物的精神品质，积累文中要求掌握的 8 个成语。 2. 知道反问句，并了解反问句的句式效果。知道反问句比陈述句更能增强语气，情感表达更强烈。知道在不同的上下文情境中运用不同句式。

单元	课 程 目 标
	3. 会正确读背古诗《出塞》《凉州词》《夏日绝句》《别董大》。掌握理解古诗的方法，如借助诗中插图及古诗关键字词想象情境，会默写其中两首古诗——《出塞》《夏日绝句》。 4. 默读课文，知道把握故事主要内容的方法，如抓住主要人物、关注主要事件。 5. 能查找资料，联系时代背景理解课文内容，与社会生活紧密结合，感受人物的家国情怀。 校本目标： 知道书信与其他文体的不同，要注意运用正确的格式书写，内容书写完整。 能正确填写信封或邮件的相关内容，并将书信通过邮局或电子邮件寄给收信人。
第八单元	共同目标： 1. 会认会写本单元要求掌握的 33 个生字，及词语表中的 12 个词语。区分"纪"的两种读音，会运用成语描写人物精神风貌。 2. 体会具体和概括两种不同描述方法的表达效果。 3. 能工整地抄写指定的段落，并有一定的速度。 4. 正确把握文言文的节奏，能流利地朗读《王戎不取道旁李》，能用自己的话概括故事的主要内容，并能背诵。 5. 默读课文，学会复述课文内容。知道复述课文的方法，如关注故事的重要情节，并能勇敢地与同学分享复述课文的方法。 6. 能借助语言、动作的描写感受人物形象。知道从不同的方面解读评价人物形象。 7. 知道写事的文章如何选取素材，掌握写清楚一件事的经过的方法，做到有层次、有内容，并将自己的情感融于其中。能根据别人合理的意见修改习作，并工整地誊抄。 校本目标： 能认真观察卡片，抓住卡片上的关键信息，选取自己最喜欢的历史人物并讲述他的故事，并能使用恰当的语调和手势等肢体语言，生动地讲述故事。

第三部分　学科课程框架

为实现上述课程目标，我校结合具体校情与学情，设置了活力基础性课程和活力拓展性课程。活力基础性课程主要培养儿童积累基础知识和发展基本学习能力，以满足儿童终身发展和适应社会所需。活力拓展性课程主要是满足儿童个性化的学习需求，在教学过程中，发展和培养儿童的潜能和特长，促进儿童个性成长、活力成长。为实现上述课程目标，我校建立了语文学科的课程框架。

一、学科课程结构

依据语文课标的相关要求，儿童在每个学段的学习目标各不相同，但总体来说，都是由"识字与写字""阅读""写作（写话）""口语交际""综合性学习"五个方面组成，为了让儿童语文素养能全面协调地发展，我校语文学科课程分为"活力识写""活力阅读""活力写作""活力交际""活力实践"五大类，具体表述如下（见图4-1-1）：

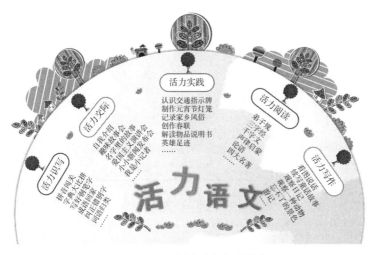

图4-1-1　"活力语文"课程结构图

1. 活力识写。识写内容为小学各阶段要掌握的生字。通过指导儿童识字与写字，使其认识中国的汉字文化，掌握书写的技能，提高识写的兴趣，增强对祖国语言文字的热爱和对中华民族文化的理解。

2. 活力阅读。内容为古诗文经典篇目的朗读背诵。包括国家统编版教材中的课外阅读、针对适龄儿童的文学名著、文学作品及日常的书报杂志等。让儿童在大量的课外阅读中开阔视野，提高素养。让儿童在阅读中丰富自己的知识库，培养良好的语感，让每一位儿童都能在阅读中开拓活力思维。

3. 活力写作。内容为小学阶段各类文体的写作活动。目的是让儿童在写作中学会悉心观察，善于发现周边世界。通过"活力写作"引导儿童敢于说心里话，说真心话，张扬内心深处的活力。语文课程中的写作训练是根据儿童的实际发展所需而设置的。儿童在教师指导下进行语言文本的创造，在这一过程中，儿童的逻辑思维能力和语言表达能力得到综合发展。

4. 活力交际。以教材中每单元的口语交际及课堂外的丰富活动为内容，重点是与儿童紧密相连的周边生活为话题。通过情境创设、师生对话，让每一位儿童在活力的口语交际中培养自己的倾听、表达、转述、交流的能力，从而找到与世界打交道的方式。

5. 活力实践。以课堂外、校园外的各种语文实践活动为内容。目的是将课堂内外有机融合，引导儿童在生活中寻找语文的足迹，促进儿童听说读写综合能力的运用，提升整体发展能力，包括学科之间的整合能力，课堂内外的综合运用能力。

二、学科课程设置

基于活力语文课程理念及我校儿童实际情况，我校设置了具体的语文学科课程（见表4-1-2）。

表4-1-2 "活力语文"课程设置表

年级	课程	活力识写	活力阅读	活力交际	活力写作	活力实践
一年级	上学期	拼音闯关我能行	《弟子规》	自我介绍	看图说话	认识交通指示牌
	下学期	识字小能手	绘本阅读	看图讲故事	看图写话	用照片记录生活
二年级	上学期	字典大比拼	《三字经》	趣味故事会	续写童话故事	制作元宵节灯笼
	下学期	写好铅笔字	《寓言故事》	推荐动画片	编写故事	学做一道菜
三年级	上学期	写好钢笔字	《千字文》	名字里的故事	观察日记	记录家乡风俗
	下学期	猜字谜	童话故事	解说二十四节气	我的植物朋友	大蜀山之旅
四年级	上学期	成语回家	《声律启蒙》	爱国主义演讲	观察动物	创作春联
	下学期	学写毛笔字	唐诗宋词	争当配音员	我们的年俗	家乡童谣
五年级	上学期	纠正错别字	《论语》	小小新闻发布会	忘不了的景色	解读物品说明书
	下学期	软笔书写	神话故事	畅想未来	写新闻报道	制作读书小报

年级＼课程		活力识写	活力阅读	活力交际	活力写作	活力实践
六年级	上学期	词语归类	《孟子》	我是小记者	游记	英雄足迹
	下学期	诗词听写	四大名著	漫话三国英雄	读名著写感想	绘四大名著

第四部分　学科课程实施与评价

依据学科课程理念、课程目标、课程设置，结合学校现状、师生特点，我校从"活力课堂""活力读书节""活力赛事""活力社团""活力实践"五个方面设计"实施与评价"，旨在让儿童在实践中思考感悟活力语文之美，提升语文学科素养。

一、打造"活力课堂"，彰显语文课程魅力

"活力课堂"是从目标、内容、过程、方法、评价等方面实施的全面的课堂，是既生动有趣又丰富实用的课堂，是根植于基础、着眼于未来、有益于儿童身心发展的课堂。

针对"活力课堂"的实施，我们以教研为先导，以课堂为主阵地，以观评课为抓手，在实践中构建"多元"课堂。具体而言：

一是备课组按年级集体备课，教研组加强教研活动。定期开展教研活动，教研组进行主题教研，备课组集体备课，集合众长。在课堂教学中，充分运用各方面资源，坚持以"活力课堂"为核心，开展不同主题、不同目的、不同形式的语文课程，在不断的实践与反思中提升课堂质量。

二是名师引领示范课，团队成员磨课把关。成立"映山红""行知堂"语文教研团队，通过名师示范、师徒结对、团队磨课等多种形式，实现"名师引领，团队合作，全员提高，均衡互补"，使"活力课堂"向更高层次迈进。

"活力课堂"将儿童放在主体地位，一切以儿童的学习为主，将儿童的生命活力充分焕发出来，从而达到提升课堂品质的目标。

二、举办"活力读书节"，营造语文课程氛围

"活力读书节"是让孩子通过阅读、动手操作、书写、绘画等活动享受书籍带给自己的快乐，在活动中提高动手能力、思维能力、创新能力，享受阅读带给自己的快乐，在书籍中积淀人文情怀，培养高尚情操。

为了让学生沉浸在书香中，我校开展了"静·阅读""漫画绘本故事""创意书签制作""我是书法小能手""诗歌画手抄报""读书小报制作""读名著绘思维导图""活力小书虫"等丰富多彩的活动。通过参与"活力读书节"的一系列活动，儿童懂得了读书不仅仅只是动嘴，它融合了动手、动笔、动脑，需要全身心投入才能有所收获、有所成就。具体实施如下（见表4-1-3）：

表4-1-3 "活力读书节"课程实施表

课程名称	课程内容	具体实施
静·阅读	根据年级推荐不同的课外阅读书籍。如低年级选择有趣的绘本故事，中高年级选择优秀文学作品及名著。	以世界读书日为契机，全校师生共同参与，伴着校园舒缓的乐曲，静静享受午后的阅读时光。
漫画绘本故事	低年级儿童以教师推荐的有趣绘本故事为主题，发挥想象，自由绘画。	统一在8K纸上创作，各班推选5幅作品进行校内评选，优秀作品在校内展示。
创意书签制作	以学习中、生活中观察的事物为载体制作书签，教师给予适当的建议。	教师给予儿童适当的建议，儿童发散思维，充分想象，动手创作。每班选出5份作品进行校内评选，优秀作品在校内展示。
我是书法小能手	以教师选定的优秀古诗为主要内容。	纸张由学校统一筹备，用钢笔进行书写，各班推选出5名同学进行校内比赛，优秀作品在校内展示。
诗歌画手抄报	以各班学生自由选定的古诗为主要内容。如必背古诗词75首、经典诵读。	统一在8K纸上创作，"诗中有画，画中有诗"，每班选出5份作品参加校级评选，优秀作品在校内展示。
读书小报制作	以经典名著为主要内容。如中国古典名著、外国名著等。	统一在8K纸上创作，"读名著，写感想"，每班选出5份作品参加校级评选，优秀作品在校内展示。

课程名称	课程内容	具体实施
读名著绘思维导图	以经典名著为主要内容。如中国古典名著、外国名著等。	统一在 8K 纸上创作，用思维导图的形式绘制四大名著，每班选出 5 份作品参加校级评选，优秀作品在校内展示。
活力小书虫	培养学生养成良好的读书习惯，如爱护书籍、产生阅读兴趣等。	爱护书籍，热爱阅读，产生浓厚的阅读兴趣，班级民主评选，每班 2 名推荐为"活力小书虫"，颁发"活力小书虫"借阅证。

三、开展"活力赛事"，培养语文课程竞争意识

开展"活力赛事"是为了让儿童通过比拼文学知识，在比赛的过程中感悟中华文化的魅力，通过表演、舞蹈、答题等多种形式学习中华优秀文化，珍惜、尊重、爱护祖国文化。以此为目的，结合学生具体情况，我校进行了一系列相关赛事活动。

（一）开展经典诵读展演活动

语文教材知识只是儿童学习的基础，是中华文化的一个缩影，要让儿童通过语文学习感悟国学经典的魅力，汲取民族精神的营养，从而提升语文素养。我校教师在每周一次的经典诵读课程上，结合"习礼堂"平台，开展了以"诵中华经典，扬传统美德"为主题的经典诵读展演活动。

活动以《经典诵读》读本及"习礼堂"国学经典书目指定篇目为内容，如《唐诗》《宋词》《千字文》《声律启蒙》《论语》《孟子》等。共分两步实施。

第一步：教师将"习礼堂国学"平台上的相关内容作为教学内容。每周四开展一次经典诵读课程，课后利用平台布置相关作业，平台根据儿童的作业情况统计完成率、正确率。每节课后布置当天作业，每周结束后进行一次统计。

第二步：在学校开展经典诵读展演活动。学期课程结束后，以班级为单位，每班选取一个节目在学校进行展出，以朗诵、吟唱、表演等形式，呈现传统文化的独特感染力，儿童通过个性表演，展现各自对传统文化的热爱。

（二）举办国学经典知识大赛

文化是一个民族的灵魂与精髓，不仅要了解，更要深记于心，我校举办"国学经典知识大赛"活动，让儿童达到学以致用的目的。

活动以新课标必备古诗词和《千字文》《声律启蒙》《论语》等国学经典为内容，每班选取 5 名儿童参加答题。通过"有问必答""指手画脚""眼疾手快""巅峰对决"等环节让儿童在乐趣中学会经典，接受中华传统文化的洗礼，达到潜移默化的教育效果。这样的语文，寓教于乐，儿童喜欢，更能激发他们的活力，培养他们对传统文化的兴趣。

四、建设"活力社团"，让语文课程丰富多彩

"活力社团"是由学校组织、儿童自主选择参加的语文活动团体。《语文课标》里提出"努力建设开放有活力的语文课程"理念，这就告诉我们教与学的空间不仅仅在课堂内，更应延伸到课堂以外的广阔空间，建立多元、立体的语文教育体系。"活力语文"社团的建设，打破了课堂内外、校园内外的界限，让课堂与活动互补延伸，优化了语文教书育人的环境。

"活力社团"是儿童在语文课堂之外相互交流、展示自我的平台，是实践学习的重要组成部分。

门类丰富多样。为引导儿童广泛参与，力争使每一位儿童每学期至少参加一个活力社团，我校课程小组定期组织研究学习，协调课堂内外、校园内外的关系，保证社团有序开展。我校根据自身课程规划体系的不断发展完善，成立了墨香书法、活力主持人、趣味绘本、经典诵读、"戏"说童年、快乐课本剧、活力文学社、话说家乡等活力社团。

师生各专所长。依据各自的专业、特长和爱好，学校统筹调配校内教师和外聘教师。由 2 名教师负责 1 个课程，其中一名教师负责儿童的考勤并协助授课教师完成教学活动；另一名教师负责具体的教学活动安排、备课等相关教学任务，从而对儿童进行针对性教学。

自主按需选择。依据学校相关情况，结合学生学习实际，我校开设了适合各阶段学生参与的社团，门类多样。为不影响学生的正常学习，学校将社团活动安排在固定时间。为了便于安排管理，面向不同年级开展不同性质的社团活动。儿童可根据自己的兴趣爱好及特长选择适合自己的社团。社团场

地均安排在学校的各功能室及教室。

活动气氛浓厚。儿童在社团活动中感受到异于课堂的学习语文的方式，体验成功的喜悦，感受角色的变化，在活动中感受到浓浓的"语文"氛围，从而大大提升了学习语文的积极性。我校的"活力社团"安排如下（见表4-1-4）：

表4-1-4 "活力社团"安排表

社团名称	社团内容
墨香书法（软笔）	基本知识、执笔方法、笔顺讲解、独体字、结构字
墨香书法（硬笔）	基本知识、笔画书写、间架结构、描红练习、仿写练习
活力主持人	游戏、绕口令、童谣、讲故事、主持词
活力文学社	美文阅读、习作撰写、新闻报道撰写
趣味绘本	童话系列、寓言系列、神话系列
经典诵读	《三字经》《声律启蒙》《千字文》，唐诗、宋词
"戏"说童年	基本知识、戏曲鉴赏
快乐课本剧	中外童话、寓言故事
话说家乡	家乡习俗、家乡特产、家乡名人、家乡名胜古迹

五、开展"活力实践"，践行语文课程知行合一

"活力实践"是把语文学习从课内延伸到课外，由课堂拓展到社会，在实践中提高语文能力，在实践中学会人际交往，在实践中发展个性、形成人生态度。语文课标提到，语文综合性学习继承了语文教育的优良传统，又符合现代社会所需要的学习特征。儿童在学习课本知识的同时又通过实践活动拓宽学习的知识面，这样有利于儿童全面提高语文素养。人的各项能力是在大量的实践中培养提高的，语文学习，也应突破课堂和教材的束缚，我校的"活力语文"课程，注重儿童个性的培养和综合实践能力的提升。

语文课标中提出了语文是工具性和人文性的统一，语文教学的人文目标为"在语文学习过程中，要重视培养儿童的爱国主义情感"，要重视中华优秀传统文化，注重培养儿童热爱祖国语言文字的丰富情感，可见爱国主义教育在小学语文课程中的重要作用。因此，我校在"活力实践"活动中开展了

"爱国主义讲故事"活动，这样既能增强儿童爱国情操，弘扬中华美德，又能训练儿童的语言表达能力。提前给出爱国主义及中华美德读本，各班儿童以班为单位课下组成活力小组团队，以小组为单位举行讲故事活动。成员竞相讲述，故事最为精彩、评分最高的儿童将代表班级参加校级活动。

总之，"活力语文"从学生生活实际出发，以培养学生灵活思维，发展学生活泼个性为目的。通过开展"活力课堂""活力读书节""活力赛事""活力社团""活力实践"等活动，提升儿童的语文素养，培养儿童美的品格。

（撰稿人：李刚　钱敏玲　罗群　吴宏艳　盛佳丽）

第二节

雅真语文：让每一抹翠色自然闪亮

合肥市翠庭园小学始建于 2004 年 8 月，是一所年轻而有活力的学校。学校目前拥有 66 位语文教师，团队平均年龄 36 岁，其中市级骨干教师 7 人、蜀山区骨干教师 8 人、蜀山区教学新秀数十名，校级优秀骨干教师占语文教师总人数的 60%。近年来，我校相继荣获语文优质课奖项国家级 8 人次、省级 2 人次、市级 6 人次、区级 16 人次。《信息技术支持下的"自由作文"教学策略》子课题研究荣获市级优秀成果奖。翠庭园小学语文组积极开展课题建设、听评课、草根论坛、教师基本功展评等活动，充分发挥教研团队力量，提高教学水平。现根据教育部《关于深化课程改革，落实立德树人根本任务的意见》《义务教育语文课程标准（2011 年版）》等文件精神，制定如下语文学科建设方案。

第一部分　学科课程哲学

一、学科性质

《义务教育语文课程标准（2011 年版）》指出："语文课程是一门学习语言文字运用的综合性、实践性课程。义务教育阶段的语文课程，应使学生初步学会运用祖国语言文字进行交流沟通，吸收古今中外优秀文化，提高思想文化修养，促进自身精神成长。"[1]

---

[1] 中华人民共和国教育部. 义务教育语文课程标准（2011 年版）[S]. 北京：北京师范大学出版社，2012：2.

语文学科核心素养是儿童在积极的语言实践活动中积累与培养起来，并在真实的语言情境中表现出来的语言能力和品质；是儿童在语文学习中获得的语言知识与语言能力、思维方法与思维品质、情感、态度与价值观的综合体现。

基于这种认识，我们认为，语文课程的核心价值是培养儿童综合性运用语言文字的能力，不断提升自己的人文素养。因此，小学语文课堂应该以儿童为本，给儿童提供儒雅的学习环境，给予儿童求真生长的力量。

二、学科课程理念

真正的语文教学，要立足"语文核心素养"，让学生将学习和生活进行有力地融合，要润物无声，培养学生树立"理想信念、文化自信、责任担当"，以儒雅的方式，引导师生自由生长、自然生长、自觉生长。结合学校历史、文化及语文学科实际情况，我们提出了"雅真语文"的课程理念，即"雅真语文"是内修儒雅、品学求真的语文。

"雅真语文"是"内修儒雅"的语文。亲近儿童生活的自由状态，滋润儿童心灵，促其愉快成长，激发儿童情趣，促其多元培育。这体现了儿童身心享受语文的教育本质。

"雅真语文"是"品学求真"的语文。剥去浮躁虚华的课程形态，还原课程本色，遵循语文教学的基本规律，踏踏实实地引导翠庭园小学学子探索未知世界，学会自立健康地生活。这是儿童品学求真语文的学科真谛。

我们以"雅"为起点，引领学生走进自然、儒雅的育人情境，以"真"为终点，落实学生品学兼优、立德树人的核心素养。基于此，我们将"雅真语文"的理念确定为"让每一抹翠色自然闪亮"。"雅真语文"就是顺应儿童学习语文的自然天性，研究儿童语文学习的真实需求；尊重儿童在语文学习过程中的个体差异，探寻儿童语文学习的真正规律。"雅真语文"必将激发师生"雅"生长，"真"生长。

第二部分　学科课程目标：雅真语文，从心出发

新课标指出：语文课程应该致力于培养儿童的语言文字运用能力，提升儿童的语文综合素养，为其学好其他课程打下基础；为儿童形成正确的世界观、人生观、价值观，形成良好个性和健全人格打下基础；为学生的全面发展和终身发展打下基础。

基于对语文课程的以上认识，"雅真语文"力求让儿童快乐求真地学习语文，用心灵去拥抱语文，结合实际情况制定以下目标。

一、学科课程总目标

根据课程标准的要求，结合我校课程规划以及儿童特点，我校制定了"雅真语文"学科课程的总体目标：

1. 热爱祖国的语言文字，能够熟练地借助汉语拼音扫清阅读障碍，能正确识写 3500 个汉字，书写美观有速。

2. 对阅读有浓厚的兴趣，能够熟练自然地朗读文本，结合生活环境运用多种阅读方式进行阅读，在思辨中体验到情感的真实生发；阅读中有独特的感受、体验和理解，能够利用阅读期待、阅读反思和批判等环节，拓展思维空间，提高阅读质量，养成终身阅读的习惯；通过阅读文本，心灵受到深刻的浸润，道德情操获得健康发育，生命获得升华与超越，达到"腹有诗书气自华"的境界。

3. 学习观察、思考、表达和创造的方法，在实践中学习和运用语文，流畅地用书面语言进行表达。

4. 能够在真实的情境中倾听、表达与交流，文明地进行人际沟通和社会交往；借助新技术和多种媒体开展跨领域学习。

二、学科课程年级目标

根据课程标准的要求，结合我校"雅真语文"学科课程总目标和我校的具体学情，我们以统编教材四年级下学期为例（见表 4-2-1），说明单元课程目标的设计。

表 4-2-1 "雅真语文"四年级下册课程目标表

单元	课 程 目 标
第一单元	共同目标： 1. 认识本单元生字，会写生字，正确读写有关的词语，能借查字典和联系上下文，读懂词句的意思，积累佳句。 2. 背诵三首古诗，默写《宿新市徐公店》《四时田园杂兴》，学习通过看注释，想象画面等方法，感知诗词大意，用自己的话说说诗句的意思。 3. 能正确、流利、有感情地朗读课文，背诵自己喜欢的段落，能说出有关景物的特点。 4. 感受景物的美好，培养热爱祖国大好河山、热爱大自然的感情。 5. 了解作者的语言表达特点，领悟作者的写作方法，能模仿课文例段写作。 校本目标： 指导整本书阅读《海底两万里》，掌握整本书阅读方法。
第二单元	共同目标： 1. 认识本单元生字词，会写生字，正确读写有关的词语，能借查字典和联系上下文，读懂词句的意思，积累佳句。 2. 引导学生通过对课文内容的理解，培养爱科学、学科学的钻研精神，体会课文语言准确生动的表达特点。 3. 引导学生联系生活中的一些事物进行大胆想象，将自己在生活中的奇思妙想写下来。 4. 学习独立阅读课文，提高自学课文的能力。 校本目标： 指导整本书阅读指导《秘密花园》，掌握整本书阅读方法。
第三单元	共同目标： 1. 引导学生初步了解现代诗的一些特点，体会诗歌表达的情感。 2. 引导学生通过品读课文语言文字感受作者笔下景物的特点，激发学生热爱家乡、热爱大自然、热爱生活的思想感情。 3. 引导学生明确编辑诗集的注意事项，通过举办诗歌朗诵会，加强学生对诗歌的积累和理解。 4. 完成语文园地中的各项能力训练，要培养学生搜集信息和口语表达的能力，以及运用知识的能力。 校本目标： 通过带领学生鉴赏现代诗歌，提高学生收集整理资料的能力，激发其创作诗歌的兴趣，鼓励其合作创编诗集。
第四单元	共同目标： 1. 认识理解本单元生字词，会写本单元所有生字。 2. 正确、流利、有感情地朗读课文，理解课文内容，体会文章表达的真挚情感，从中受到熏陶感染。 3. 学习作者抓住特点描写的方法，体会课文的语言特点。 4. 引导学生按一定顺序描写动物的外形特征，写清动物的特点，表达对它的喜爱之情。 5. 引导学生掌握委婉说话的方法，通过换汉字偏旁来识记汉字、背诵古诗，通过读写句子掌握冒号、语气词的用法。 校本目标： 通过创办诗社，进一步激发学生更持久的创作欲望。

单元	课 程 目 标
第五单元	共同目标： 1. 学习生字，能正确读写词语，了解课文内容。 2. 有感情地朗读课文，引导学生不断积累语言、增强语感，并体会作者通过语言文字表达出的对大自然的赞美之情。 3. 通过阅读例文，结合批注学习按照游览的顺序写景的方法。 4. 运用学过的方法将游览的过程写清楚，突出景物的特点。 校本目标： 创办故事角，人人都能参与创编故事，激发学生编故事的兴趣。
第六单元	共同目标： 1. 会认、会写本单元的生字。正确读写新词，运用多种方法理解关键词。 2. 练习用较快的速度阅读课文，理解课文内容，体会作者情感。 3. 学会按一定顺序把事情的过程写清楚。 4. 运用学过的修改符号修改一段话，体会比喻手法表达的特点。 校本目标： 通过参加年级诗词大会，在诵读和比赛中进一步加强古诗词积累。
第七单元	共同目标： 1. 会认、会写本单元的生字，掌握本单元的多音字，正确读写新词。 2. 正确、流利、有感情地朗读课文。背诵古诗和文言文。 3. 理解课文内容，从人物的语言、动作等描写中感受人物品质。 4. 创设情境，学会在不同的情况下介绍自己。 5. 学会用多种方法描写人物的特点。 校本目标： 通过"大话小古文"活动，激发学生表演、背诵小古文的积极性。
第八单元	共同目标： 1. 会认、会写本单元的生字，正确读写新词等。 2. 学会在阅读中理解课文内容，感受人物形象，品味语言，领悟作者的一些表达方法；同时，学习概括课文主要内容的方法。 3. 抓关键语句，感受童话的奇妙，体会童话人物特点，激发儿童阅读童话的兴趣。 4. 能运用学过或读过的童话故事的写作方法，按自己的想法新编故事。 5. 在具体语境中体会"口头语"和"书面语"的不同，并尝试运用。 校本目标： 整本书阅读《宝葫芦的秘密》，激发出创作故事的欲望。

学科课程年级目标是学科课程总目标在各年级的具体实践，它将共同目标与校本目标相融合，体现了我校独有的语文学习文化。

第三部分　学科课程体系

语文学科课程的核心价值是学习运用祖国语言文字，促进学生精神成长。基于我校语文学科"让每一抹翠色自然闪亮"的理念，设置了我校"雅真语文"学科的课程结构。我校语文课程分为基础型课程和拓展型课程。基础型课程主要培养儿童终身发展和适应未来社会所需的共同基础；拓展型课程主要满足儿童的个性化学习需求，开发和培育儿童的潜能和特长，培养儿童的自我认知和自我选择能力。"雅真语文"是我校"活力教育课程体系"中"语翠亭课程"的重要组成部分。基于"雅真语文"的学科理念和课程目标，我们设置了"雅真识写""雅真品读""雅真写作""雅真交际"和"雅真实践"五部分内容。

一、学科课程结构

依据新课标的相关要求，结合我校历史文化与学校课程理念以及语文学科课程理念，围绕语文学科"语言建构与运用，思维发展与提升，审美鉴赏与创造，文化传承与理解"等核心素养，我们以国家课程为基础，从"雅真识写""雅真品读""雅真写作""雅真交际"和"雅真实践"五个方向进行课程构建，从而形成"雅真语文"课程群（见图4-2-1）。

图4-2-1 "雅真语文"课程结构图

具体如下：

1. 雅真识写。识字和写字是语文学习最重要的学习内容之一。《课标》指出：识字与写字是第一学段的教学重点、难点，同时也是贯穿整个义务教育阶段的重要教学内容。"雅真识写"从激发儿童识字写字的兴趣出发，让其了解汉字的历史，引导儿童正确地运用汉字、规范地书写汉字，欣赏汉字的构造美，体会汉字的博大精深，从而热爱祖国的语言文字。"雅真识写"旨在培养儿童初知书法、欣赏书法的能力，具有传承祖国文化，特别是语言文字的责任感。教师在教学中设计丰富多彩的活动，培养儿童的写字兴趣。"雅真识写"通过积极组织儿童开展写字、书法等课余活动，提高其书写能力，让儿童有成就感，加深对汉字实用功能与审美功能的理解。

2. 雅真品读。新课标中指出：阅读教学是儿童、教师、文本之间对话的过程。这一理念揭示了阅读教学的基本要求：以教材为媒体，实现教师、儿童、文本之间的对话和交流。"雅真品读"从多角度拓展儿童的阅读途径，培养儿童的阅读兴趣。众所周知，语文与生活紧密联系，生活有多宽阔，语文教育的天地就有多广阔。因此，语文教学要把课堂延伸到课外，把课内学习和课外学习相结合，拓宽儿童的视野，培养儿童独立阅读、探究性阅读和创造性阅读的能力。而"雅真品读"让拓展性阅读教学在语文教学中更合理、更有效地开展起来。

3. 雅真写作。纵观整个小学阶段的语文课程，可见作文教学在其中所占地位非常重要。为达到作文是儿童在认识事物的过程中有感而发这一目的，"雅真写作"重视引导儿童在活动中观察、感受和体验，注重真实的情感表达，利用多种活动激发学生写作的热情。

4. 雅真交际。小学阶段是儿童语言表达能力发展的最佳年龄阶段。口语交际是一项实践性很强的语言表达活动，较强的能力必须通过大量的实践锻炼才能习得。它是将语文灵活地运用于生活的重要载体，是听与说的综合运用。"雅真交际"则是发挥儿童的主动性，积极创设真实的交际情境，给师生、生生营造充分的交流空间。让儿童在交际中掌握倾听、表达、转述、交谈的方法，从而能够选择恰当的方式与他人打交道。

5. 雅真实践。开展语文实践活动，使语文学习真正成为学生生活的一部分，同时这也使语文教学从封闭式转为开放式，成为了一泓活水。"雅真实践"通过在语文课程的各个环节中设置一些活动，如制作读书卡、制作好书推荐手抄报、参与学校或社区的相关社会实践活动等培养学生综合运用语言文字的能力，对儿童的听说读写能力进行整合，使语文书本知识和儿童生活实践紧密地结合起来。在实践过程中努力引导儿童自主组织文学活动，体验合作与成功的喜悦，构建注重学生体验的、开放的、个性的语文课堂。

二、学科课程设置

"雅真语文"课程是基于"让每一抹翠色自然闪亮"的教育理念，结合语言文字相关知识进行联系，针对在校儿童实际情况，量身打造的课程。不仅要让儿童感悟、积累、运用语言，更重要的是让儿童用一种宏观开放的视角走进祖国语言文字，形成语文情怀和语文素养。所有课程的设置均遵循学生学情，由易到难、由浅入深、循序渐进，由单一到综合，贯穿各个学段。根据不同学段的知识储备和儿童需求编制不同的内容，由各年级段的任课教师组织实施，具体设置如下（见表 4-2-2）：

表 4-2-2　"雅真语文"课程群课程设置表

年级 \ 课程		雅真识写	雅真品读	雅真写作	雅真交际	雅真实践
一年级	上册	雅爱拼音	雅吟字经	雅赏校园	最美童谣	拼音节
	下册	书法入门（铅笔字）	吟唱诗词	见闻分享	动听的诗	汉字节
二年级	上册	识字妙法	启迪古韵	字句启蒙	魅力童话	绘本节
	下册	初识结构	成长寓言	校园绘本	启智寓言	童话节
三年级	上册	书艺渐展	动情小说	作文养趣	史以明志	成语节
	下册	趣味字谜	趣味历史	妙笔生花	点睛名言	寓言节
四年级	上册	美化结构	走近金波	精彩片段	优胜历史	古诗节
	下册	字理意向	亲近诗歌	日记故事	最美小诗	诗歌节
五年级	上册	书艺能手	民间故事	笔耕不辍	理性讲述	民间故事节
	下册	汉字之根	走进萧红	校园周报	动情表达	汉字大会
六年级	上册	书艺修养	名家引领	微校创作	经典传颂	小说节
	下册	汉字未来	步入论语	微校剧本	小朗读者	戏剧节

"雅真语文"每一课程单元的特色内容作为雅真实践的主题，创造性地开展"成语节""戏剧节"等特色活动，让学生乐于将心中所学展示出来。

第四部分 学科课程实施

语文是促进儿童全面发展和终身发展的核心课程。语文素养是一种内化于心的技巧和能力。"雅真语文""教"的是知识，"育"的是文化，"学"的是方法，"习"的是经历。"雅真语文"从落实"雅真课堂"，丰富"雅真节日"，开启"雅真之旅"，繁荣"雅真社团"，开展"雅真阅读"，组织"雅真赛事"六方面入手，探寻语文学习的真正规律，求"雅"求"真"，激发儿童"雅"学习，"真"生长，感悟语文之美，践行"让每一抹翠色自然闪亮"的理念。

一、落实"雅真课堂"，打牢语文学习基础

"雅真课堂"是纯朴而真实的，课堂探求文本之心，追寻儿童之心，体悟教者之心。课堂剥去热闹的外衣，讲究纯朴、自然、务实、求真，它是儿童学习的真实缩影。

落实"雅真课堂"时，我们不断审问语文的本来面貌。在设定教学目标时，在选定教学内容时，在确定教学环节时，在制定教学方法时，在敲定教学语言时，都应去伪存真，引导儿童扎实地体会纯朴的语文、自然地感受真实的语文，从容地愉悦自己，表达真实的自己。所以"享受快乐""真知真人"和"自然真实"就是"雅真课堂"的关键词。

"雅真课堂"拥有明确的课堂目标。课堂目标既是教师教的目标，也是学生学的目标，课堂的预设和完成主导着一节课的方向和走向。从课堂过程看，目标是一课之灵魂，明朗的目标本色而不浮夸，体现了"雅真语文"的理念；从课堂效果看，目标是一课之准绳，明确的目标简明而不繁复，体现了"雅真课堂"的特点。

"雅真课堂"体现自然的学习过程。课堂学习过程也是教师的教学环节，儿童的学习环节，自然的学习过程犹如一幅优美的山水画，一气呵成极富生命力。自然的学习过程因和谐有效的学习让课堂扎实落地；环环相扣的学习环节让课堂紧凑严密；饱含深度的学习内容让师生回味无穷。

"雅真课堂"营造快乐的文化氛围。课堂文化充盈于课堂之内，渗透于

师生之间，是课堂的重要养分。从容的文化氛围是一种润物无声的教育智慧，充满了对生命的点化、润泽与关怀；从容的文化氛围是一份恰如其分的课堂和谐，体现了对教育的尊重、理解与情怀。

"雅真课堂"呈现自然的教、学方法。叶圣陶先生说过："教学有法，教无定法，贵在得法。"教学是教师创造性的传递不能只用一种方法限制其成长；学习是儿童个性化的体验，不能只用一种思维，僵化其发展。"雅真语文"课堂倡导自由地教与学，这不仅体现了教师教学的智慧和创造，而且有利于儿童大胆探索和创新。

二、开设"雅真节日"，提升儿童理性认知

开设丰富多彩的节日活动课程，让儿童在体验教育和实践活动中丰富感性积累，提升理性认知；搭建学习和研讨的平台，在交流中促使儿童增强认识，增加能力，关注民俗风情，亲近传统文化，弘扬华夏文明。

"雅真节日"——我阅读，我快乐。通过开展"雅真节日"活动，营造积极向上、清新高雅、健康文明的校园文化氛围，从而激发儿童读书的兴趣，培养儿童爱读书的好习惯，让儿童真正体验到"我阅读，我快乐"。"雅真节日"具体分为四个方面。讲一讲：世界读书日的来历和意义。读一读：走进儿童之家，让其在温馨安静的环境里，享受"雅"的快乐。做一做：在这一天，走进书店，买一本自己喜爱的书并阅读（同学之间可以互赠图书，传递美好，传递和谐）。评一评：根据儿童的阅读量和质量评选出"书香学生""书香家庭"并颁奖。

通过了解节日来历、体验佳节风俗、积累诗文典故等学生喜闻乐见的形式，挖掘传统节日的文化内涵，使儿童感受到节日中所蕴含的独特的民族情感。

三、组织"雅真社团"，丰富儿童语文视野

学生社团是现代学校建设的重要资源，随着课程内容的不断拓展，学生社团已经成为发展儿童自主管理的新型课程，是实施素质教育的重要内容。"雅真社团"以"雅真语文"哲学为指导，在儿童喜闻乐见的生活情境中组织社团，这在学校校园文化建设中起到了提升层次、构建载体、凝聚学生、群

体示范的作用，从而形成学校的品牌项目。

"雅真社团"建设以"语文兴趣"为主导，以培养儿童的兴趣爱好，发展其个性特长为抓手，为儿童提供展示自己爱好与技能的广阔舞台，帮助儿童展现最真实的自己。目前，学校里有小记者社团、"小荷"戏剧社团、大艺术家主持与表演社团、红领巾广播站等特色社团。通过这些展示舞台，锻炼儿童的身体素质，促进儿童身心发展，培养儿童的竞争意识、合作精神和坚强毅力，丰富儿童的知识，帮助儿童尽最大可能地发挥出自己的才智，挖掘自身最大的潜力。

1. 规范的团队建设。小社团由兴趣爱好相同的少先队员自发组成。每个社团有 5 名以上的学生和 1 位辅导员。社团小干部由学生民主选举产生，报学校德育处批准，有较为明确的分工。

2. 鲜明的社团章程。①有名称：社团提倡有特色、有亮点、符合社团特色、富于童趣的社团名称。②有标志：社团的标志由学生自己创立，能够充分鼓舞士气，反映出大家的希望与愿望。③有团训：有一句响亮的团训，以团员为本，突出社团丰富多彩的活动内容、积极向上的精神面貌。④有要求：章程中要条目化，明确社团中成员、辅导员的相关职责以及活动性质、活动内容等具体要求。

3. 丰富的社团活动。有完整的年度活动计划、活动记录、活动总结。有固定的活动时间、活动地点。在开展常规活动的同时，能重视特色活动的开展。

4. 成果展示。在每一次的活动中，都注意积累各种原始材料，包括方案、计划、总结、活动图片等。

5. 考核与奖励。对在社团活动中表现突出的学生，社团负责人可上报德育处，给予该学生表彰以资鼓励；对活动中表现突出的社团，给予社团负责人表彰奖励。若社团在一学期内未举办两次以上的大型活动，则会被取消资格，并自动解散。学生若累计有 3 次以上（含 3 次）不参加社团活动，将被取消资格。

四、开展"雅真阅读"，放飞童真心灵

"雅真阅读"课程以儿童的直接经验为主，引导儿童通过亲自实践、主

动发现，获取有关的知识，并使其技能、能力、情感、意志等得到训练和培养。主要价值在于让儿童在活动中，获得对现实世界的直接经验和真实体验。这与学科课程可以相互补充，相得益彰。

"雅真阅读"的课程内容是开展"循生活事情，与经典同行"系列读书活动、"儿童文学大作家和小书虫"见面会、群文阅读活动，并在周一升旗仪式上举办"好书推荐"活动等。"雅真阅读"评价运用发展性评价方式，依据每项活动方案中的目标，按照一定标准和运用一定方法，对教学过程和教学结果进行价值判断。评价要求注重过程、尊重多元、注意反思，具体体现在关注儿童获得结果和体验的过程，尊重儿童自我个性的表达，及对自己的实践活动的反思与改进。

五、开展"雅真赛事"，激励儿童成长

开展"雅真赛事"课程，每年一度的各种赛事评比，发展儿童的特性特长，展示儿童的风采。

"雅真赛事"课程共包括三个赛事。

经典诵读比赛。每年4月组织全校范围内的吟诵经典的比赛，以班级为单位，所有班级参加，每班作品5—8分钟。

规范书写比赛。每年4月组织全校范围内的规范书写比赛。一、二年级书写内容为五言古诗，用铅笔书写；三、四年级书写内容为七言古诗，用钢笔书写；五、六年级书写内容为经典美文，用钢笔书写。

"故事大王"比赛。"六一"前夕，在一、二、三年级组织开展"故事大王"比赛。先在各班组织选拔"班级故事大王"，获胜者继续参加学校层面的比赛。

六、开启"雅真之旅"，拓宽儿童实践天地。

"雅真之旅"是指利用一切可以利用的条件为儿童营造浓厚的文化氛围，让儿童在多元的环境中通过各种渠道感受语文、学习语文。让儿童感到语文无处不在、无时不有，在充满"真、善、美"的环境中陶冶情操、健康成长。

"雅真之旅"关注生活，促使儿童形成语文意识。生活是儿童语言学习

的源泉，只有将语文实践和生活结合起来，语文学习才有源头活水，儿童才有施展才华之地。迈开脚步，行走在"雅真之旅"中，生活处处是蓝本、是教材。关注生活，语文无处不在。

"雅真之旅"感悟生活，激发儿童语文思维。开启语文学习之旅，就是开启了语文思维之路，让儿童在生活中发现语文、感悟语文、创造语文，这是实施"雅真语文"的有效途径。只有在实实在在的实践中点燃灵感的火花，才能体会语文的魅力；只有在广博坚实的视野中形成思维的溪流，才能展现语文的活力。在"雅真之旅"中，儿童睁开眼睛凝视万物，竖起耳朵倾听万籁，敞开心扉感悟万种风情。

"雅真之旅"回归生活，演绎精彩语文。语文学习的外延和生活的外延相等，生活中处处有语文。"雅真之旅"就是在生活中激发儿童展现其语文素养的平台；语文之旅就是在意识上促进教师形成其大课程观的源泉。"雅真之旅"真真切切地体现了学科的大视野和大格局，充分凸显了生活是课程之源的宗旨。

综上所述，我们以"让每一抹翠色自然闪亮"的理念为中心，用"雅真课堂""雅真节日""雅真之旅""雅真社团""雅真阅读""雅真赛事"构画了"雅真语文"的实施路径，最终发展学生的语文核心素养，实现"雅真语文"给予儿童快乐的"求真"的生长力量的目标。让翠小学子顺应自然天性，向着那一抹翠色蓬勃向上！

（撰稿人：何花　伍海峰　张梅　窦礼云　方晓敏　张纹纹）

第五章

自组织课程：
方法与策略的统整

　　自组织课程的方法是多样的、多元的，自组织课程的策略是自主的、个性的。二者相互转化，相互作用。课程方法与策略的整合，能有效促进课程的统整，减少课程的零散感，使课程更具结构属性。以自组织视角审视学科课程群的方法与策略，可以引导和强化这种自组织行为，培养儿童自主建构、合作探究的自组织能力，让课程充满灵动和活力，使儿童在学习过程中产生飞跃，最终提升儿童的自组织能力。

自组织理论认为，复杂系统在一定条件下通过自组织可以从无序走向有序，从低级有序走向高级有序，从一种低层次的多样性的统一走向更高层次的多样性的统一，即复杂系统的行为主体通过相互适应、相互作用，可以生成一个新的整体模式。小学阶段的儿童活泼率真，对周围的一切事物充满好奇，自身有巨大的潜能。自组织课程，就是在真实生活情境中，用自由、多样的方法激发儿童的积极性、自主性、合作性和创造性，培养儿童探索未知的能力，让其体验课程蕴含的智慧。

在自组织课程的实施过程中，教师与儿童一起探索，寻求多种解决问题的途径与方法，有效地进行课程实施。通过多种课程实施方法与策略，引导和强化这种自组织行为，使儿童在学习过程中产生飞跃。现结合两校方案，我们总结出以下五种自组织课程实施方法与策略。

1. 学科内课程整合法。学科整合法指学科内部的知识、技能和相关概念之间的整合，在学科框架内围绕相对同一的知识内容为主题实现课程的统整。这类整合课程已经开始运用整体性思维方式开发相应内容、设计实施方式。以潜山路学校"本真语文"课程群和绿怡小学"致真语文"课程群为例，两校的识写课程均围绕识字写字教学开展了例如趣味识字、学会查字典、有趣的形声字、巧记多音字、说文解字、汉字之美等学科课程，这些课程内的指向集中，重在激发学生识字写字的兴趣，引导儿童了解汉字的历史，正确地运用汉字，规范地书写汉字，体会汉字的博大精深，从而热爱祖国的语言文字。

2. 跨学科融合法。课程是无边界的，学科与学科之间有着不可分割的联系。学科间的跨界融合教学，可以由一个任教多门学科的教师负责，根据教学内容和儿童需要，将不同学科的内容进行整合，形成"大课程"。比如，合肥市潜山路学校的"本真写作"中的观察日记课程，我们可以将语文与美术学科融合教学，根据不同年级儿童的生理与心理特征，引导儿童为观察配画和写日记，使儿童画与读写实现了多样性的结合。再如合肥市绿怡小学"致真语文"课程群中的"二十四节气"课程，就是将语文、科学、综合实践等课程有机融合起来，分春、夏、秋、冬四个板块，以认识节气、节气与农谚、节气与节日、民俗、节气与物候、节气与观星、节气与我们的生活等为主要教学内容。课程内容充满诗意和生活气息，生动有趣。儿童在了解与二十四节气相关民俗和文化的同时，感受自然的变化，亲近自然，增强热爱自然、热爱中华民族优秀传统文化的情感。

3. 课内外结合法。课内外结合法，也是实现课程常见的方法之一。通过课内、课外相结合，实现指导儿童积累和建构语言、提升自主学习的意识与能力的目标。比如绿怡小学"致真语文"课程中的"致真阅读"，就是将阅读课程与统编教材的内容进行了结合，强调阅读为学生打底的作用。依据统编教材的课程编排，结合学校实际，各年级每学期开学初进行阅读书目推荐、安排课外阅读课程。如五年级下册根据统编教材的编排，合肥市绿怡小学的"致真阅读"就开设了四大名著的整本书阅读课程，在课程中鼓励学生个性化阅读和表达，以此达到课内外的有机结合。

4. 实践活动法。所谓实践活动法，是让儿童把课本中学到的各门学科的知识和技能在实践中进行整合，使知识从单一走向多元，从封闭走向开放，使课程走向生活，促使儿童的知识、技能、思维、情感、品质得到综合的训练和提高。合肥市潜山路学校的"本真语文"和合肥市绿怡小学的"致真语文"通过打造赛事课程、节日课程、社团课程、研学课程，积极营造学习的氛围，丰富课程内容，拓宽课程实践途径，使孩子能在教师的引导下就某一领域内的课程内容做深入的探究。合肥市潜山路学校"本真语文"课程群研学之旅开设了"走进名人""红色之旅""非遗文化"等活动，合肥市绿怡小学则开设了"走进匡河"等突出活动主题的课程，这些课程可以引导学生把研学旅行与研学后的作文竞赛、讲故事、手抄报、小论文等语文学科的相关知识相结合，让旅行的学习目标更为明确，有利于儿童在实践中丰富语言积累，掌握更多元的语文学习方法，形成良好的实践学习习惯，真正实现"学"与"研"的结合。这些课程既满足了儿童自主多元发展的需求，又让其在实践中懂得了责任担当，增强了团队意识和互助精神，锻炼了儿童在复杂环境中的自组织能力。

5. 情境创设法。所谓情境创设法，是指"置身"于情境中，将对知识的理解和运用高度关联。简单说，就是实际或模拟工作场景完成某项工作任务，在该过程中学习知识、训练技能、提升能力。以合肥市潜山路学校"本真语文"课程群为例，在本真综合"古韵春联"课程中，教师创设了一个趣味春联的故事情境，借此导入，让儿童在故事情境中初步感受春联的语言文字特点，然后让他们带着自己的思考去结合课文的内容总结出春联的特点，接着进一步引导儿童去说春联、对春联和写春联。在整个学习过程中，儿童获得真实的人生体验，语文学习自然真实地进行。再比如合肥市绿怡小学"致真语文"课程群，在致真综合"传统节日"课程之元宵节的学习中，教师通过导入关于汤圆的谜语来激发儿童的兴趣，进而让儿童了解元宵节的来历、演变过程、风俗习惯，安排学生课后制作花灯、搜集灯谜、做汤圆、吃汤圆，以让其体验元宵节的快乐，更好地融入到传统文化中去。情境课程的内容组织和活动设计旨在调动儿童"动手""动身""动脑""动心（动情）"，全身心融入情境之中的学习和认知，可以让儿童释放出强大的情绪力，这样可以发挥课程启迪好奇心、培育想象力和激发创造力的作用。

本章节指向方法和策略，就自组织课程的实施来阐述自组织课程方法与策略的整合。在以上两所学校的学科课程群方案中，教师既接受课程所带来的复杂性，尊重不同和变化，同时尽力利用儿童对问题的参与来自发地建构对知识的理解。根据课程目标，教师应积极采取有效的课程方法与策略，只有把课程落实在多样化的课程实践中，才能使儿童真正形成自组织能力。因此，我们应回归语文本真，关注课程的动态生成性，这样才能激发教师的智慧与创造力，培养儿童自主建构、合作探究的自组织能力，让课程充满灵动和活力。

第一节

本真语文：让儿童
生命焕发光彩

合肥市潜山路学校语文组现有教师 40 人，其中小学高级教师 5 人，一级教师 35 人。安徽省教坛新星 1 人，合肥市骨干教师 9 人，通过蜀山区绿色通道引进优秀教师 4 人。潜山路学校语文组秉承"本真语文"的课程理念，以教研组为单位进行教学研究，开展听评课活动、潜校论坛等活动，积极参加各级教育教学活动，充分发挥团队的力量与优势。这支队伍思维活跃，创新意识强，教研风气浓厚，组内的每一位成员都刻苦奉献，有着执着的追求。

第一部分　学科课程哲学

课程是学习的重要途径，语文课程应致力于让儿童形成与发展语文素养，从而为之后的学习奠定基础。我校语文教研组积极整合教材与生活的联系，致力于探索语文学科特色的课程，努力通过语文学科课程促进儿童的精神成长，全面提升儿童的语文素养。

一、学科价值观

基于课程标准的认识，我们认为，语文课程的核心价值是培养儿童综合运用语言文字的能力，促进儿童精神成长。"本真语文"应该回到教育之本源、学科之本体、学习之本位。真的语文即是将学习和生活进行有力的关联，用纯朴自然的语言描述语文学习的本质，务实求真地诠释语文教育的真谛，去伪存真，删繁就简，回到开始，落脚最初，让语文学习自然真实地发生，引导师生自由生长，实现师生自觉生长。

二、学科课程理念

在不断的教学实践中，我们发现教学中或多或少出现了一些应该引起语文教师重视的问题，如"非语文"因素挤占课堂，"架空分析"等。语文课上虽然有精美的课件、优美的音乐、精彩的视频，但是儿童并没有真正学会，没有真正在学语文，所以语文课出现"虚""闹""杂""偏"等现象。基于此，我们提出"本真语文"，即剥去语文形式教学的外衣，回归本真状态；即追寻语文教育的根源，回归语文教育之本源，突显语文学科之本体，凸出儿童学习之本位。

"本真语文"以本为主。亲近儿童的生命状态，滋润儿童的心灵成长，激发儿童的情趣。

"本真语文"以真为重。远离浮躁虚华的课程形态，踏踏实实地还原课程本色，遵循语文教学的基本规律，使教与学真发生，让师与生真思考，追求真理，学做真人。

"本真语文"以语为用。语文课说到底就是儿童学语文、用语文，重视语言文字的基本规律，回归语文的本真。

我们将"本真语文"的理念确定为"让语文学习真实地发生"。"本真语文"尊重儿童学习语文的规律，研究儿童语文学习的真实需求；"本真语文"滋润师生自然生长，激励师生自信生长，引导师生自由生长，实现师生自觉生长。

第二部分　学科课程目标

基于课程标准，我校"本真语文"课程体系从识字与写字、阅读、写作、口语交际和综合性学习五方面入手，结合我校实际情况制定了相应目标。

一、学科课程总目标

依据课程标准的要求，我校紧扣"让语文学习真实地发生"的核心理念，"本真语文"课程体系分别从识字写字、品味阅读、综合性学习、口语交际、习作表达五方面入手，结合实际情况制定了以下总体目标。热爱祖国的语言文字，学会汉语拼音，正确识写 3500 个汉字且美观有速。有浓厚的阅读兴趣，能够自然地朗读，结合生活环境运用多种阅读方式研读文本，在思辨中体验到情感的真实生发。阅读中有独特的感受、体验和理解。能够利用阅读期待、阅读反思和批判等环节，拓展思维空间，提高阅读质量，养成终身阅读的习惯。通过阅读文本，心灵受到深刻的浸润，道德情操获得健康发育，生命获得升华与超越。学习观察、思考、表达和创造的方法，在实践中学习和运用语文，流畅地用书面语言进行表达。能够在真实的情境中倾听、表达与交流，文明地进行人际沟通和社会交往。

二、学科课程年级目标

依据课标标准内容，结合我校语文学科课程总目标和学生的学情，我们将"本真语文"课程五年级的目标与内容设置如下（见表 5-1-1）：

表 5-1-1　"本真语文"五年级上册单元课程目标表

单元	课 程 目 标
第一单元	共同目标： 1. 认识 24 个生字，读准 2 个多音字，会写 29 个字，会写 26 个词语。 2. 正确、流利、有感情地朗读课文；从阅读中把握课文的主要内容，体会作者表达的情感；初步了解借助具体事物抒发感情的方法；体会、积累蕴含作者感情的句子；背诵《白鹭》。 3. 能就交流话题主动发表意见，学会合理控制发言时间；能尊重不同见解，梳理、总结大家的意见，制定出切实可行的班级公约；能耐心倾听别人说话，敢于发表自己的意见。 4. 能仿照课文写出由一种事物想到的人；能把自己心爱之物的样子、来历写清楚，表达自己的喜爱之情；乐于分享习作。 5. 会合理制定班级公约；将公约张贴在教室内，提示大家自觉遵守；在操场上画几个小圈圈当岗亭，监督大家下课时不追逐打闹、口吐脏话等不文明行为。 校本目标： 通过"听写大会"校本课程，学生提高识字积累的兴趣，扩大识字积累。能使用硬笔书写行款整齐，力求美观，有一定速度。
第二单元	共同目标： 1. 认识 30 个生字，读准 6 个多音字，会写 42 个字，会写 57 个词语。 2. 正确、流利、有感情地朗读课文；默读有一定的速度，掌握提高阅读速度的方法；学习"集中注意力""不要回读""连词成句地读""抓住关键词句""带着问题读"；通过复述印象深刻的画面或具体事例感受人物的特点和品质；走进名家名作，回顾历史，从中受到感染和激励，向往美好。

单元	课程目标
	3. 抓住人物的主要特点，用一两件具体的事例来描写自己的老师；能够评价、修改同学和自己的习作。 4. 能带着问题，用较快的速度默读课文，了解课文内容；观看电影《地道战》，理解地道战取得成功的关键在于中国人民的智慧和保家卫国的顽强斗志；记录阅读时间，检测阅读效果。 校本目标： 在"三国故事会"校本课程中，学生能借助集中注意力，尽量不回读、带着问题读、抓关键词句读等阅读策略，提高阅读速度，培养自主阅读的能力。同时，能够有条理地、精彩地讲述"三国故事"，适当加入动作、表情，刻画三国中鲜明的人物形象，增强故事的感染力、吸引力。
第三单元	共同目标： 1. 认识 24 个生字，读准 1 个多音字，会写 25 个字，会写 32 个词语。 2. 能用快速默读课文，把握课文的主要内容；了解民间故事的特点，感受阅读民间故事的快乐，乐于与大家分享课外阅读的成果；扩展阅读面，阅读不同类型的作品，学习并运用多种阅读方法，丰富阅读经验。 3. 讲故事能丰富故事里的细节；能配上相应的动作和表情。能耐心倾听，主动发表自己的想法。 4. 学习缩写故事的一般方法；能缩写民间故事，做到内容完整、情节连贯、语句连贯。 5. 用自己的语言复述民间故事；在绘声绘色讲故事的基础上，加上自己的独特理解；能感受阅读民间故事的快乐，乐于与大家分享课外阅读成果；搜集中外民间故事。 校本目标： 在"民间故事"校本课程中，师生共读《中国民间故事》《俄罗斯民间故事》《列那狐的故事》《松迪亚塔》等，读不同地域的民间故事，领略不同的地域风情。领略故事中动人的情节，认识精彩的人物，感知人物身上的美好品质。
第四单元	共同目标： 1. 认识 32 个生字，读准 1 个多音字，会写 30 个字，会写 24 个词语。 2. 能用较快速度默读课文，把握课文的主要内容，体会课文表达的思想感情；结合课文的需要有目的地查找资料，扩展阅读面，理解重点句段的内容；了解为实现强国梦想而做出卓越贡献的人物故事，学习并运用多种阅读方法，丰富阅读经验；背诵《古诗三首》和《少年中国说》。 3. 根据习作要求大胆想象；能列习作提纲，在习作中分段叙述，把重点部分写具体；能根据同学的建议修改习作。 4. 结合资料，体会课文表达的思想感情；借助资料，学习课文，了解一定的中国历史，感受中国历史的悠久与沧桑，理解历史上的人物与事件，学习优秀历史人物的精神品质，提高明辨是非的能力；通过观看影片，查阅资料，了解中国的发展实力和世界影响力，增强爱国主义情怀。 校本目标： 在"诵读经典《小古文 100 篇》（上）"校本课程中，学生能借助注释自主学习，了解大意，培养学生自主学习小古文的能力。丰富古诗文积淀，感受祖国语言文化的魅力。

单元	课 程 目 标
第五单元	共同目标： 1. 认识 12 个生字，会写 20 个字，会写 22 个词语。 2. 正确、流利、有感情地朗读课文，把握文章主要内容；阅读简单的说明性文章，了解基本说明方法，并运用这些说明方法，认识事物，获取知识；通过阅读了解列数字、做比较、举例子等基本说明方法，并体会运用这些说明方法对理解文章的好处。 3. 能用恰当的说明方法，分段介绍事物的不同方面，写清楚事物的主要特点；能和同学分享习作并交流各自的感受。 4. 阅读说明性文章，了解基本的说明方法，并学会看生活中的产品说明书；搜集资料，用恰当的说明方法，向别人介绍清楚生活中的某一种事物；学习习作例文《风向袋的制作》，试着动手做一做"风向袋"。 校本目标： 在"快乐评改"校本课程中，制定评价习作的具体标准，依据此标准指导学生评价习作。鼓励学生和大家分享习作中的精彩语句，激发学生评改的积极性，采取自评、互评、集体评改等多种方式修改习作中具有明显错误的语句。
第六单元	共同目标： 1. 认识 31 个生字，读准 1 个多音字，会写 26 个字，会写 37 个词语。 2. 正确、流利、有感情地朗读课文，体会作者描写的场景、细节中蕴含的感情；了解巴德父母对同一首诗不同评价的原因，体会作者的情感；细细品味父母与孩子之间的点点滴滴，字里行间蕴含着真挚的感情。 3. 能选择恰当的材料支持自己的观点；能尊重别人的观点，对别人的发言给予积极回应；注重语言美。 4. 给父母写一封信，能用恰当的语言表达自己的看法和感受。 5. 能结合自己的生活经历，体会作者描写的场景、细节中蕴含的感情；能够联系生活中遇到的类似事情，对口语交际中事例中的父母做法谈谈自己的看法，会选择恰当的观点支持自己。 校本目标： 在"心心相印"校本课程中，引领学生留意生活中的材料，懂得作文是真情实感的流露，说真话、吐真情。感悟身边最亲近、最熟悉的人之爱。引导学生善于捕捉生活，捕捉生活中的细节。在习作中，做到言之有物，言之有情。愿意和他人分享自己的习作，养成修改习作的习惯。
第七单元	共同目标： 1. 认识 17 个生字，读准 3 个多音字，会写 25 个字，会写 22 个词语。 2. 正确、流利、有感情地朗读课文；初步体会课文中的动态描写和静态描写；借助注释，联系上下文，想象课文中所描绘的景象；品味、积累文中静态描写和动态描写的语句；背诵《古诗词三首》和《四季之美》。 3. 观察某种自然现象或某处自然景观，重点观察景物的变化，写下观察所得，并把题目补充完整；能按照一定的顺序描写景物，写出景物的动态变化。 4. 初步体会课文中的静态描写和动态描写；观察自然，亲近自然，激发热爱自然的情怀，会描写出景物的变化；为元旦联欢会设计一张海报，要有打动人的宣传语，并配上好看的图画。

续　表

单元	课 程 目 标
	校本目标： 在"说名道姓"校本课程中，学生了解单姓、复姓，读准姓氏歌，并背诵。参加知识竞答，了解历史人物的姓氏的读音、字形等。选一个自己最感兴趣的问题开展姓名研究，开阔视野，增长见识。选一个感兴趣的题目，写一篇有关姓名的作文。
第八单元	**共同目标：** 1. 认识 30 个生字，读准 6 个多音字，会写 23 个字，会写 15 个词语。 2. 正确、流利、有感情地朗读课文；根据要求梳理信息，把握课文要点；引导学生在阅读实践中，借助圈画关键语句、列提纲等方法理解课文内容；能梳理出作者的读书经历，说出作者对"好书"的看法，体会作者从读书、作文中悟出的道理。 3. 能分条讲述，把理由说清楚；听人说话能抓住重点；锻炼在公共场合演讲的表达能力。 4. 介绍一本书，能分段表达推荐理由；能把重要的理由写清楚。 5. 在阅读中了解文章的表达顺序，初步领悟文章的表达方法，培养亲近诗歌、热爱古典文学的情怀；学会收集、筛选、整理资料，并能根据不同的情况灵活运用这些资料；学会梳理读书方法，整理书目信息；会向别人推荐一本好书，理由要充分。 **校本目标：** 在"故事剧场"校本课程中，引导学生搜集整理三国时期的风云人物、历史事件和传说故事，扩大学生的知识面，增强学生学习历史的兴趣，提高学生的鉴别欣赏能力。通过讲述表演，学生培养综合概括能力、语言表达能力，激发出表演欲。

第三部分　学科课程框架

　　基于"本真语文"的学科课程理念和学科文化，学校开发了丰富多样的课程，并形成了语文学科课程群。"本真语文"课程主要分为基础类课程和拓展类课程。基础类课程主要培养儿童终身发展和适应未来社会所需的基础能力，拓展类课程主要是为了满足学生的个性化学习需求，关注儿童的潜能和特长，培养儿童的自我认知和自我选择能力。两者合二为一，服务于提高学科的教学质量。

一、学科课程结构

　　依据课程标准，结合我校课程理念，我们从本真识写、本真阅读、本真

写作、本真表达、本真综合五大方面构建"本真语文"课程体系（见图
5-1-1）。

图5-1-1 "本真语文"课程结构图

具体表述如下：

（一）本真识写

《义务教育语文课程标准（2011年版）》指出，识字·写字是第一学段
的教学重点，也是贯穿整个义务教育阶段的重要教学内容。它是语文学习中
的重要的学习内容。识字写字课程的教学内容为小学各阶段要掌握的生字。
重在激发学生识字写字的兴趣，了解汉字的历史，正确地运用汉字，规范地
书写汉字，体会汉字的博大精深，从而热爱祖国的语言文字。

（二）本真阅读

本真阅读是义务教育阶段的语文课程的补充，让儿童初步学会运用祖国
语言文字进行交流沟通，在此基础上，吸收古今中外优秀文化，提高思想文

化修养，促进自身精神成长。教师必须秉承现代教学理念，根据语文课程的基本特点，多让儿童进行语文课程的学习实践，培养阅读习惯。当孩子爱上阅读后，引导孩子在鉴赏文学作品时，必须坚持本真。本真阅读课程包括经典诵读和课内外阅读。

（三）本真写作

写作是运用语言文字进行表达和交流的重要方式，是认识世界、认识自我、创造性表述的过程。此部分内容为小学各阶段文体的写作活动。学校结合教材，结合学校的主题活动进行习作训练。引导学生留心观察，热爱生活，勇于表达，敢于说真话，抒真情。

（四）本真表达

此部分内容以教材口语交际为抓手，选择贴近儿童、贴近生活的话题，通过生生、师生互动创设情境，进行扎实训练，锻炼学生倾听、表达、交流的能力。

（五）本真综合

综合性学习是依托语文学习开展的多种多样的语文实践活动。通过综合性学习，儿童能够将语文知识和能力融会贯通，学以致用，打通学习与生活的壁垒。此部分内容为校内外的语文实践活动。通过组织此类活动，促进儿童发展听、说、读、写能力。

二、学科课程设置

"本真语文"以《义务教育语文课程标准（2011年版）》为依据，吸纳语文课程改革的优秀成果，沉淀课程改革的先进理念和成功经验，注重培养儿童的创新能力和实践能力，积极倡导自主、合作、探究的学习方式，加强语言文字运用，加强语文和生活的联系，致力于构建开放的、富有创新活力的课程体系，全面提高儿童的语文能力。因此，在基础类语文课程上，潜山路学校语文学科拓展课程设置如下（见表5-1-2）：

表 5-1-2　"本真语文"校本课程设置表

年级		校本课程				
		本真识写	本真阅读	本真表达	本真写作	本真综合
一年级	上学期	趣味识写	《三字经》(上)趣味绕口令	我们交个朋友吧	我绘我心	认识校园一角
	下学期	生字开花	《三字经》(下)读童谣和儿歌	校园生活真快乐	绘本创编	识花认草
二年级	上学期	攻克字典	《弟子规》(上)经典童话	我爱大自然	看图写话	快乐淘宝
	下学期	多样识字	《弟子规》(下)儿童故事	我是故事大王	创编童诗	我是小雷锋
三年级	上学期	说词解意	《笠翁对韵》(上)童话故事	丰富的暑假生活	观察日记	触摸大自然
	下学期	爱上钢笔字	《笠翁对韵》(下)寓言故事	一日主播	童话天地	小小志愿者
四年级	上学期	说文解字	《唐诗乐游园》(上)神话故事	我们去旅游	快乐读书会	古韵春联
	下学期	软笔书法	《唐诗乐游园》(下)科普探秘	我的好朋友	漫话三国英雄	成语讲坛
五年级	上学期	听写大会	《小古文100篇》(上)民间故事	三国故事	快乐评改	说名道姓
	下学期	墨韵飘香	《小古文100篇》(下)中国古典名著	喜剧总动员	心心相印	故事剧场
六年级	上学期	追根溯源	《论语》(节选)成长故事	开讲啦	给偶像的一封信	新闻直播间
	下学期	汉字之美	《论语》(节选)世界名著	"辩"幻莫测	我的第一本作文集	记忆沙滩——我的成长足迹

第四部分　学科课程实施

　　丰富的课程设置为学生的学习和提升提供多样化的选择和路径。为保证课程有效实施,我校"本真语文"课程从打造"本真课堂",设立"本真节日",丰富"本真社团",举办"本真赛事"和开启"本真之旅"五个方面扎实推进。

一、打造"本真课堂"，推进学科课程实施

结合学校"本真语文"的课程理念，我校语文课堂的教学致力于创设明确、真实、开放、自然的"本真课堂"，更多地关注到学科核心素养，体现出教与学真实发生、师与生真正思考的特征，进一步明确了学校课堂建设的方向。

"本真课堂"就是指在课堂教学过程中，教师和儿童都能在感受语言文字的魅力的过程中，获得真实的人生体验，让语文学习自然真实地发生，引导师生自由生长，实现师生自觉生长。

在完善"本真语文"的课堂的过程中，我们不断审问语文的本来面貌。在设定教学目标时，在选定教学内容时，在确定教学环节时，在制定教学方法时，在敲定教学语言时，都应去伪存真，引导儿童扎实地体会纯朴的语文，自然地感受真实的语文。所以"明确""真实""自然"和"开放"就是"本真语文"的关键词。

"本真课堂"导学案的设计目标要明确。从课堂过程看，目标是一课之灵魂，体现了"本真语文"的理念。

"本真课堂"体现真实的学习过程。课堂学习过程也是教师的教学环节，儿童的自学环节、交流环节让学习真正发生；环环相扣的学习环节让课堂紧凑严密；饱含深度的学习内容让师生回味无穷。

"本真课堂"营造自然的学习氛围。自然的文化氛围是一种润物无声的教育智慧，充满了对生命的点化、润泽与关怀，和谐的课堂，体现了对教育者的尊重、理解与情怀。

"本真课堂"呈现开放的教与学的方法。"本真语文课堂"开放的教、学的方法不仅体现了教师教学的智慧和创造力，而且体现了儿童对学习的探索和创新。

二、设立"本真节日"，激发学生语文学习兴趣

我们设立"本真节日"，开展丰富多彩的语文活动，积极营造浓厚的阅读氛围，让儿童参与其中，进一步培养孩子们的阅读兴趣，为孩子们提供展示个性阅读的平台，提供展现自我风采、张扬个性阅读的平台，为打造"健

康生活，幸福成长"的校园添动力。希望每一位师生都能在这样一个充满眷念与温情的节日里，结识更多好书，享阅读之乐。

"本真节日"是浸满书香的节日。多读书是孩子提升语文学习能力，激发语文学习兴趣的重要方法。"本真节日"可增进孩子们之间的阅读交流。把更多的好书推荐给大家，让孩子们真正遨游在书籍的海洋里。"本真节日"中的书香家庭以家庭为单位，走出班级，关注孩子们的家庭阅读教育，营造家庭和乐融融的阅读氛围。这既有利于亲子关系的建立，又有利于孩子阅读面的进一步拓宽。

"本真节日"是润透心灵的节日。阅读就是用眼看，就是用心想，就是理解、揣摩的过程，只有这样，才是真正的阅读。读并不是单单表现在抑扬顿挫地朗读，也有静思默想的默读。读书是读给自己的，读的是自己的感受，并不是为了让别人觉得好听、动听。

我们每年开展"本真节日"，围绕阅读组织各种活动，激发儿童语文学习的兴趣。"本真节日"活动安排如下（见表5-1-3）：

表5-1-3 "本真节日"活动安排表

周次	地点	主题	年级	负责人（发新闻）
第一周	天井	开幕式	一至六年级	
	教室	布置软板	一至六年级	
第二周	教室	书香班级评选	一至二年级	
			三至六年级	
第三周	待定	阅读小达人	一至六年级	
	待定	书香家庭评选	一至六年级	
第四周	丽景操场	四格漫画比赛	一年级	
	丽景多功能厅	《品读经典》诵读比赛	二年级	
	三年（3）班	手绘本创意比赛	四年级	
	小操场	书香淘宝节	三年级	
	三年（2）班	《品读经典》指导课	五年级	
	校门口	儿童文学海报创作	六年级	
	五楼实验室	经典文学知识挑战赛		
	阶梯教室	作家讲座	待定	

周次	地点	主题	年级	负责人（发新闻）
	三楼会议室	书香家庭之家长读书会演讲比赛（围绕推荐书目）	教研组	
	三楼科技室	"我心中的主人公"三分钟演说	教研组	
第五周	表彰总结 成果展示			

三、丰富"本真社团"，享受语文学习的快乐

学生社团是学校建设的重要资源。随着课程内容的不断拓展，学生社团已经成为发展学生自主管理能力的新型课程。"本真社团"就是培养儿童专业素养的第二课堂，因有更大的活动空间、更丰富的活动内容、更灵活的活动方式，而深受儿童的喜爱。日前，社团规模也不断扩大、活动日益丰富，"本真社团"已然成为儿童发展个性特长、提升学科素养的一片新天地。

"本真社团"是语文学习实践的重要组成部分，是学生交流语文的空间、展示自我的平台。

1. 门类丰富，打开思路。我们以"让每一位孩子每学期至少参加一个本真语文社团"为建设目标，引导儿童广泛参与各类社团活动，力争让每一个儿童都能较好地掌握一个语文专项特长。我们组织专门机构负责"本真社团"，定期组织学习研究，协调校内外、课内外关系，保证方案正常实施。"墨韵书法""绘本阅读""大语文社""潜源社"等丰富多彩的语文活动社团，充分体现了语文学习的生活化、社会化。

2. 责任到位，师生见长。各项语文课程和活动均设立具体的负责教师，由学校根据教师在语文领域的专业、特长和爱好，在自愿的基础上统筹调配，每个课程配置 2 名教师，一名教师负责具体的教学活动安排、备课等教学任务，另一名教师负责儿童的召集、考勤并协助授课教师完成教学活动，以此对儿童进行针对性教学。

3. 固定时间，自主选择。我们把"本真社团"的全部活动安排在每周固定活动时间，便于教师统一安排，也有利于学校形成浓厚的语文社团氛围。

根据课程内容，面向不同年级招募参加人员，可以跨越年级，每个社团人数尽量不超过 30 人，以保障学习效果。我们充分利用学校现有资源，真正做到物尽其用。

4. 气氛浓厚，活动丰富。我们尊重学生学习语文的主体性，激发儿童学习语文的兴趣，使学生在社团活动中感受到角色的转化，体验成功的喜悦，使学生得到全面发展。"本真社团"活动安排如下（见表 5-1-4）。

表 5-1-4　"本真社团"安排表

社团名称	学生对象	上课周期	上课时间	上课地点
周三	周四	周五	周五	
小主持人社	三、四年级	周三	15：50～17：00	四年（1）班
词语爆米花社	三、四年级	周四	15：50～17：00	三年（3）班
潜源社	三至六年级	周五	15：50～17：00	三年（5）班
大语文社	四至六年级	周五	15：50～17：00	四楼计算机北教室
墨韵书法社	四至六年级	周五	15：50～17：00	四年（2）班
经典诵读社	一、二年级	周二	15：50～17：00	一年（7）班
绘本阅读社	一、二年级	周二	15：50～17：00	二年（2）班

四、举办"本真赛事"，激发学生学习语文的兴趣

为进一步提升儿童的语言能力及综合素养，展示青春活力，营造朝气蓬勃、积极向上的校园文化氛围。我校将组织开展形式多样的"本真赛事"，将语文学习贯穿其中，使儿童学习语文的兴趣更浓，对语文学习充满热情，激发斗志。比赛既有个人赛，也有团体赛。在比赛中，孩子们既能掌握知识，又能懂得提升自己和合作共进的重要性。"本真赛事"可以真正做到语文即生活，生活即语文。

语文学习实践要从"听、说、读、写"四方面着手，赛事内容也紧紧围绕这四个方面开展。赛事既有分年级段的，也有全校共同参与的，由语文教研组统一组织。语文学科赛事详见表 5-1-5。

表 5-1-5　"本真赛事"安排表

本真赛事	时间安排	参与年级	目的	具体操作
绘本剧表演	四月	一、二年级	在童真的世界里找到自我，熟练运用语言。	年级组定时间，每班语文教师负责排练一个绘本剧，同年级评选。
课本剧表演	五月	三至六年级	依托课本，以课本为素材，激发学习课文兴趣。	年级组定时间，每班语文教师负责排练一个课本剧，同年级评选。
古诗词大赛	六月	一至六年级	学习传统文化，了解国学内涵。	每班语文教师先在班级内选拔，选拔出古诗词阅读量大的四名学生组成团队参加校级比赛。
讲故事比赛	十月	一、二年级	提高语言表达能力，展现自我个性风采。	年级组定时间，每班语文教师先在班级内选拔，选出两名学生参加年级比赛。
硬笔书法大赛	十二月	一至六年级	培养书写习惯，提升书写水平。	每班语文教师先在班级内选拔，选出书写认真、规范、美观的学生作品参加校级比赛。

五、开启"本真之旅"，拓宽语文实践天地

语文的外延是生活，研学旅行就是一种生活教育。"本真之旅"就是利用一切可以利用的资源，为儿童营造浓厚的文化氛围，让儿童在多元的环境中通过多种渠道感受语文、学习语文。让儿童感受语文无处不在，从而在充满真善美的环境中陶冶情操，健康成长。

"本真之旅"课程注重开发家长以及学校周边的资源，利用假期或课余时间以班级为单位组织实施，充分利用"听、说、观、触"等方式进行浸润式教育。课程具体设置如下（见表 5-1-6）：

表 5-1-6　"本真之旅"安排表

时间	地点	内容	参加人员	课程名称
二月	合肥博物馆	了解历史，爱我中华	三年级	感受历史
三月	刘铭传故居	增强爱国情感，明白中国领土不可分割	五、六年级	走近名人
四月	野生动物园	保护动物，亲近自然	一至六年级	了解动物
五月	渡江战役纪念馆	学习历史，培养爱国情感	四年级	红色之旅

时间	地点	内容	参加人员	课程名称
六月	合肥非物质文化遗产园	了解非遗历史，弘扬中华文化	二年级	非遗文化
九月	安徽名人馆	认识、了解安徽名人	四年级	走近名人
十月	中国稻米博物馆	珍惜粮食	一、二年级	学会节约
十一月	滨湖国家森林公园	走进自然，保护环境	一至六年级	亲近自然
十二月	合肥三国遗址公园	展三国风采，览名将风姿	五、六年级	感受历史

语文教研组每学期初将各年级研学活动的方案上报学校，并在方案经课程小组批准后，进行集体、小组、亲子活动。

读万卷书，行万里路。我们希望"本真之旅"回到儿童本真，鼓励儿童发挥个性特长，施展自己的才能，从而形成积极进取、勇于创新的氛围。

总之，"本真语文"是合肥市潜山路学校的教育追求。我们将在"本真语文"的学科核心价值的引领下，坚持以"让语文学习真实地发生"为理念，从"本真课堂""本真节日""本真社团""本真赛事""本真之旅"五个方面扎实推进课程实施，发展儿童的语文核心素养。

（撰稿人：王芳　刘明　鲍广利　刘岚　代巧云　谢群　杜爱华）

第二节

致真语文：让语文回归本真地带

合肥市绿怡小学语文组现有教师 32 人，其中副高级教师 2 人，一级教师 15 人，市级骨干教师 2 人，区级骨干教师 3 人。语文组新老教师结构合理，40 岁以上 9 人， 30 岁以上 12 人， 30 岁以下 11 人。教师综合素养较高，研究生学历 2 人，本科学历 23 人，其余为大专或本科在读。近两年，我校多位教师在国家级、省级、市级等各级比赛中获奖，其中荣获部级优质课的有 2 节，省级 3 节，市、区级优课近 30 节。 2018 年我校语文组获"蜀山区优秀教研组"荣誉称号。

第一部分 学科课程哲学

课程哲学是学科课程建设的根本，是提升儿童学习品质的核心。一直以来，我们紧密联系学校和教学实际，致力于探索与完善语文学科课程哲学，使之成为学校建设语文课程的重要依据和支撑，在课程历史和传统中寻求教学特色和个性表达，努力实现语文课程教学的根本价值。

一、学科价值观

《义务教育语文课程标准（2011 年版）》中明确指出："语文课程是一门学习语言文字运用的综合性、实践性课程。义务教育阶段的语文课程，应使儿童初步学会运用祖国语言文字进行交流沟通，吸收古今中外优秀文化，提高思想文化修养，促进自身精神成长。工具性与人文性的统一，是语文课程的基本特点。"①

基于这种认识，我们认为，语文课程的核心价值是尊重儿童身心发展规律，用真实的语言引导儿童在生活中学习祖国语言文字，提升儿童的综合素养。通过深度实施国家基础类课程和拓展类课程，让儿童在宽松、愉悦的氛围中养成"说真言、做真事、会真思、懂真情、做真人"的良好品性，丰富他们的精神世界。

二、学科课程理念

语文的学习和生活有着千丝万缕的联系。著名教育家陶行知说过，生活即教育，社会即学校，要教学合一。课程的内容要来源于生活，还要回归生活。我校在开发和实施语文课程的过程中，注重挖掘身边的语文知识，让语文知识充盈着儿童的生活世界，这正与学校的课程理念相一致。我校不断地进行语文课程的教学实践，力求使教学遵循教育的内在规律，营造纯真的学习气氛，构建和谐的人际关系，树立求真务实的教学态度，保持敬畏真知的虔诚的心理。

基于此，我们提出以"致真语文"为核心的语文学科课程理念，即"让语文回归本真地带"。

"致真语文"是弘扬传统文化的语文。中华民族五千多年文明历史所孕育的中华优秀传统文化，代表着中华民族独特的精神标识，是中华民族发展壮大的丰厚滋养。因此，我们倡导在语文学习中继承优秀的传统文化，让中华文化展现出永久魅力和时代风采。

"致真语文"是真实儿童世界的语文。小学阶段，我们教的是 6—12 岁的儿童，我们尊重儿童的真实发展，给儿童充分表达自我的权利，着眼于儿童的成长，培养其学习的兴致、良好的习惯，重视一点一滴的积累。

"致真语文"是回归生活本真的语文。儿童的学习生活是以已有的生活经验为基础的，语文的学习更是如此。因此，"致真语文"要求儿童在生活中真实观察、发现、思考、探究，对周围的人和事有自己真实的观点和感受，

---

① 中华人民共和国教育部. 义务教育语文课程标准（2011 年版）［S］. 北京：北京师范大学出版
  社，2012：3.

尊重儿童个性差异，丰富儿童的语文生活，书写小学阶段独特的画卷。

"致真语文"是浸润儿童成长的语文。"致真语文"以培养儿童的听、说、读、写、思、行等方面的能力为根本任务，让儿童在语言文字运用中提升基础知识、提高综合素养，真正让语文浸润儿童不断成长。

总之，"致真语文"是弘扬传统文化、滋养儿童灵魂的语文；"致真语文"是真实的儿童世界的语文，注重激发儿童的学习兴趣，使其养成良好习惯，尊重儿童真实发展；"致真语文"是引导儿童真实体验、感悟、思考、探究的语文；"致真语文"是注重基础，提高儿童的综合素养，浸润儿童不断成长的语文。

第二部分　学科课程目标

"致真语文"从学校的"让语文回归本真地带"的学科课程理念出发，以《义务教育语文课程标准（2011 年版）》为依据。现梳理出我校语文学科课程总体目标和年级目标。

一、学科课程总体目标

根据《义务教育语文课程标准（2011 年版）》的要求，结合学校实际，我们制定了"致真语文"课程的总体目标。在语文学习过程中，培养爱国主义感情、社会主义思想道德和健康的审美情趣，发展个性，培养合作精神，逐步形成积极的人生态度和正确的价值观；认识中华文化的丰厚博大，吸收民族文化智慧；关心并尊重多样文化，吸取人类优秀文化的营养，提高文化品位；培育热爱祖国语言文字的情感，增强语文学习的自信心，养成良好的语文学习习惯，初步掌握学习语文的基本方法；在发展语言能力的同时，发展思维能力，激发想象力和创造潜能，学习科学的思想方法，逐步养成实事求是、崇尚真知的科学态度；能主动进行探究性学习，在实践中学习、运用语文；学会汉语拼音，并能美观、有速度地识写汉字；具有独立阅读的能力，学会运用多种阅读方法，有较为丰富的积累和良好的语感，注重情感的真实发生与体验；具有日常口语交际的基本能力，学会倾听、表达与交流，初步学会文明地进行人际沟通和社会交往；学会使用常用的语文工具书，初步具备搜集和处理信息的能力，能借助新技术和多种媒体开展语文学习。

依据课标总体目标提出的要求，结合我校"致真语文"的学科理念——"让语文回归本真地带"，充分体现儿童的主体地位，让儿童在掌握课标的基础上养成乐学善思、注重积累、热爱阅读、勇于探究、乐于倾听等良好的学习习惯，促进儿童语言能力、思维能力、审美能力的不断发展，最终达到语文综合素养不断提升的目标。

二、学科课程单元目标

根据学科课程总体目标的要求，结合每个年级儿童的认知基础与年龄发展特点，我校语文组制定了分年级课程目标。这里以五年级下册为例说明单元课程目标的设计（见表 5-2-1）。

表 5-2-1　"致真语文"五年级下册单元课程目标表

单元	课 程 目 标
第一单元	共同目标： 1. 认识 41 个生字，掌握 3 个多音字，会写 18 个字，会写 10 个词语。 2. 正确、流利、有感情地朗读课文。能运用学过的方法，体会课文表达的思想感情。 3. 能想象并说出本单元三首古诗描绘的情景，体会其中的童真、童趣。 4. 能根据需要向别人提出不同的问题，且能认真倾听别人对自己提问的回答，交流时能边听边记。 5. 能从自己的成长经历中选择一件印象最深的事，把事情的经过写清楚，能把感到长大的"那一刻"的情形写具体，记录真实感受。 校本目标： 在"朗诵达人"校本课程中引导儿童诵读古诗词，并想象古诗中描绘的景象，能用自己的话说出古诗词中描绘的情景，体会古诗词表达的情感。
第二单元	共同目标： 1. 认识 51 个生字，掌握 5 个多音字，会写 26 个字，会写 17 个词语。 2. 能初步了解阅读古典名著的方法，把握课文的主要内容，感受主要人物的特点。 3. 能主持关于"怎么表演课本剧"的讨论，引导每个人积极参与讨论，发表意见，并通过协商形成一致的看法，尊重大家的共同决定。 4. 能交流、总结阅读古典名著的基本方法，能根据古典名著中的外貌描写猜测所写的人物，并能说出理由。 校本目标： 在"古典名著"校本课程中师生共读《西游记》《水浒传》《三国演义》《红楼梦》等古典名著，交流、总结阅读古典名著的基本方法，能根据古典名著中的外貌描写猜测所写的人物，并能说出理由。

自组织课程：语文学科课程群新视角

单元	课 程 目 标
第三单元	共同目标： 1. 能了解一些关于汉字历史和现状的知识，增强对汉字的自豪感，树立规范使用国家通用语言文字的意识。 2. 能围绕汉字历史、汉字书法或其他感兴趣的与汉字有关的内容搜集资料，或者能调查学校、社会用字不规范的情况，写简单的研究报告。 3. 感受汉字的趣味，产生对汉字的热爱之情。 4. 了解搜集资料的基本方法，能搜集体现汉字趣味的资料，办一次趣味汉字交流会。 5. 搜集整理关于汉字的资料，会写简单的调查报告。 校本目标： 在"调查报告"校本课程中，引导学习阅读与汉字有关的书籍。能围绕汉字历史、汉字书法或其他感兴趣的与汉字有关的内容搜集资料，或者能调查学校、社会用字不规范的情况，写简单的研究报告。
第四单元	共同目标： 1. 认识 28 个生字，掌握 2 个多音字，会写 35 个字，会写 29 个词语。 2. 有感情地朗读课文，能把握课文的主要内容，通过课文中动作、语言、神态的描写，体会人物的内心，感受革命先烈的崇高精神。 3. 能交流、总结"通过课文中动作、语言、神态的描写，体会人物的内心"的阅读方法。 4. 能从描写人物动作、语言、神态的例句中体会人物的内心，并能选择一种情景进行仿写。 校本目标： 在"小演说家"校本课程中，能简单介绍革命先烈的事迹，体会人物的内心，感受革命先烈的崇高精神。
第五单元	共同目标： 1. 认识 18 个生字，掌握 1 个多音字，会写 30 个字，会写 28 个词语。 2. 能结合课文描写人物的相关语句，说出人物的特点。 3. 了解可以通过描写人物的语言、动作、外貌、神态、心理等表现人物的特点，还可以通过描写外人的反应表现主要人物的特点，能体会这些方法的表达效果。 4. 能结合例文和批注，交流、总结写人的基本方法。 5. 能列出表现家人特点的典型事例，通过描写语言、动作、外貌、神态、心理等，具体地表现人物的特点。 校本目标： 在"漫谈批注"校本课程中，引导学生通过阅读学会做批注，关注描写人物的语言、动作、外貌、神态、心理等表现人物的特点，交流、总结写人的基本方法，体会这些方法的表达效果。
第六单元	共同目标： 1. 认识 11 个生字，读准 1 个多音字，会写 23 个字，会写 20 个词语。 2. 正确、流利地朗读课文。能根据故事的起因、经过和结果，用自己的话讲述故事内容。 3. 能借助提示，按事情发展的顺序写一个探险故事，能展开丰富的想象，把遇到的困境、求生的方法写具体。

单元	课 程 目 标
	4. 能交流、总结本单元课文中人物的思维过程，懂得要根据实际情况选择合适的解决问题的办法。 5. 能说出叶圣陶先生修改文章的方法。 校本目标： 在"小辩论家"校本课程中，通过辩论赛，儿童提高辩论能力和合作能力，还可以提高思维反应速度，掌握沟通技巧，增强语言组织能力和应变能力，从而提升综合素养。
第七单元	共同目标： 1. 认识 26 个生字，掌握 1 个多音字，会写 30 个字，会写 28 个词语。 2. 正确、流利、有感情地朗读课文。能体会课文中静态描写和动态描写的表达效果。 3. 初步了解非连续性文本的特点，并能从中获取所需的信息。 4. 能搜集资料，清楚地介绍一处自己感兴趣的中国的世界文化遗产。 校本目标： 在"小讲解员"校本课程中，能对校园中某个地方或者其他自己熟悉的地方进行介绍，能列出讲解的提纲，按照一定顺序讲述，能根据听众的反应，对讲解的内容进行调整。
第八单元	共同目标： 1. 认识 25 个生字，掌握 1 个多音字，会写 18 个字，会写 9 个词语。 2. 正确、流利地朗读课文，背诵本单元小古文。能体会课文中语言的风趣，并结合生活实际，说出自己的阅读感受。 3. 能讲述两三个收集到的笑话，避免不良的口语习惯，能用心倾听别人讲笑话，做一个好的听众。 4. 能了解颜体楷书的基本知识，初步感受《颜勤礼碑》等颜体书法的魅力。 5. 看图写漫画，能写清楚漫画的内容和可笑之处，能借助标题或提示语，联系生活，写清楚从漫画中获得的启示。 校本目标： 在"书墨飘香"校本课程中指出，能了解楷书的基本知识，正确美观地书写楷书，初步感受《颜勤礼碑》等颜体书法的魅力。

第三部分　学科课程框架

为了落实"致真语文"学科目标，根据语文学科课程的核心价值，基于"让语文回归本真地带"的课程理念，我校构建出学科课程结构，努力打造学科特色和课程体系，以满足儿童个性化的学习需求和为儿童的终身发展打下坚实的基础。

一、学科课程结构

义务教育语文课程标准（2011 年版）对学段目标与内容从"识字与写字""阅读""写作"（第一学段为"写话"，第二、三学段为"习作"）"口语交际"四个方面提出要求，课程标准还提出了"综合性学习"的要求，即加强语文课程内部诸多方面的联系，同时加强语文课程和其他课程以及与生活的联系，促进学生语文素养全面协调地发展。基于此，我们提出了"致真语文"的学段目标与内容。从"致真识写""致真阅读""致真写作""致真交际""致真综合"五个方面设置课程框架，为培养儿童语文核心素养夯实地基，播下种子。"致真语文"课程结构是整个课程体系的骨架。绿怡小学"致真语文"课程群结构如下（见图 5-2-1）：

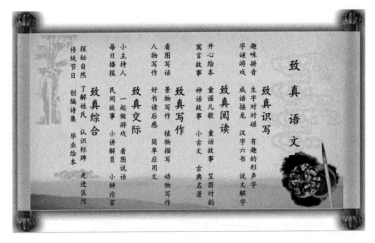

图 5-2-1 "致真语文"课程群结构图

具体表述如下：

1. 致真识写。它是落实小学各年级识字和写字任务的课程。"致真识写"重在激发儿童识字、写字的兴趣，引导儿童了解汉字的历史，正确地运用汉字，规范地书写汉字，体会汉字的博大精深，进而热爱祖国的语言文字。

2. 致真阅读。阅读是儿童的个性化行为。阅读教学要引导儿童钻研文本，在主动积极的思维和情感活动中加深理解和体验，有所感悟和思考，受到情感熏陶，获得思想启迪，享受审美乐趣。

3. 致真写作。写作是运用语言文字进行表达和交流的重要方式，是认识世界、认识自我、创造性表述的过程。"致真写作"利用周边环境文化，引导儿童重视观察、感受和体验，注重真实表达，并利用多种活动激发儿童写作的热情。

4. 致真交际。致真交际是听与说双方的互动过程，要发挥儿童的主动性，积极创设真实的情境，使师生、生生充分交流，让儿童在交际中学会倾听、表达、转述、交谈。

5. 致真综合。综合性学习是指综合运用语文知识，整体发展听说读写能力，语文课程与其他课程相沟通，书本学习与生活实践紧密结合。通过"致真语文"，儿童能够将语文知识和能力融会贯通，学以致用，打通学习与生活的壁垒。

二、学科课程设置

我们遵循语文教育教学和儿童认识发展及成长规律，稳步推进并逐步完善"致真语文"课程设置，让学习水到渠成，体现真实、自然与美。"致真语文"的课程设置不仅强调让儿童感悟、积累、运用语言，更重要的是让孩子们拥抱祖国语言文字，形成语文情怀和语文素养。其中以阅读类课程最显特色，该课程以微课程的形式，指导儿童学习语文知识，感受语文的魅力。

在按要求完成十二册统编语文教材的教学之外，我校还根据儿童学习需求，开发了丰富多彩的拓展课程（见表5-2-2）。

表5-2-2　"致真语文"课程设置表

年级\课程		致真识写	致真阅读	致真写作	致真交际	致真综合
一年级	上学期	趣味拼音	三字经	一句话表达	小主持人	探秘自然
	下学期	生字对对碰	开心绘本	一句话表达	一起做游戏	了解姓氏
二年级	上学期	有趣的形声字	童谣儿歌	看图写话	看图说话	认识标牌
	下学期	快乐字典	童话故事	看图写话	有趣的动物	二十四节气
三年级	上学期	字谜游戏	笠翁对韵	景物写作	名字里的故事	走进匡河
	下学期	硬笔比赛	寓言故事	植物写作	身边的小事	传统节日

年级＼课程		致真识写	致真阅读	致真写作	致真交际	致真综合
四年级	上学期	巧记多音字	唐诗宋词	人物写作	每日播报	创编诗集
	下学期	成语接龙	神话故事	动物写作	历史故事	创编诗集
五年级	上学期	汉字六书	小古文	好书读后感	民间故事	妙趣楹联
	下学期	听写大赛	古典名著	漫谈批注	小讲解员	调查报告
六年级	上学期	说文解字	小古文	简单应用文	小演说家	成长印迹
	下学期	名家书法	外国名著	感恩母校	小辩论家	毕业绘本

第四部分　学科课程实施与评价

　　义务教育语文课程标准（2011 年版）指出："课程实施中要充分发挥师生双方在教学中的主动性和创造性，教学中努力体现语文课程的实践性和综合性，重视情感、态度、价值观的正确导向，重视培养学生的创新精神和实践能力。"[①] 为了保证课程的有效实施和不断发展，我校课程小组成员经过讨论以及前期的探索，制定出我校课程实施的有效途径，具体体现在以下四个方面：

一、打造"致真课堂"，彰显课堂魅力

　　"致真课堂"是真实的课堂，是符合教学规律、符合儿童身心发展的课堂，是教师、儿童、文本三者真实对话的课堂，是智慧、愉悦、自主、生成、合作的课堂。

　　"致真课堂"是智慧的课堂。"致真课堂"教学思路清晰，教学环节简化，教学方法灵动，课堂提问有效。儿童的学习方式个性化、多样化，课堂聚焦儿童的学习经验和思考过程，教师及时发现和捕捉课堂上儿童学习的生长点，师生在智慧的碰撞中共创优质的语文课堂。

---

① 中华人民共和国教育部. 义务教育语文课程标准（2011 年版）［S］. 北京：北京师范大学出版社，2012：12.

"致真课堂"是愉悦的课堂。"致真课堂"体现教学相长的平等对话，体现民主尊重的多元互动，体现优势互补的和谐交往。致真课堂是师生关系的完美体现，师生在愉悦的积极互动中沟通、补充、影响，从而形成共识、共悦，进而建立和谐的师生关系。

　　"致真课堂"是自主的课堂。"致真课堂"的教学设计目标明确而具体，凸显致真语文年段目标。从儿童的实际情况出发，教师精心设计和指导，促进儿童自主学习。儿童学会学习方法，提高学习策略，通过参加学习活动，主动地建构知识、发展思维、形成技能并完善人格。

　　"致真课堂"是生成的课堂。"致真课堂"强调发挥儿童的主体地位，满足其探求知识的欲望；展现课堂教学的真实性，体现教师的教学智慧和教学艺术；同时结合自身生成的特点，增进以课堂教学为主的教育效果。

　　"致真课堂"是合作的课堂。"致真课堂"让儿童增强学习的主动性和积极性，让儿童通过合作学习的方式强化对自己学习的责任感，以及对同伴学习进展的关心。在教学中，通过同桌合作、小组合作、师生合作等形式，培养儿童交往合作的精神、自主探究的能力。

　　综上所述，"致真课堂"是智慧、愉悦、自主、生成、合作的课堂，"学情"是"致真课堂"的核心关注点。

　　"致真课堂"在实施推进的过程中，学校从引导老师坚持"让语文回归本真地带"的理念着手，成立语文名师工作室、开展青蓝工程、推门听课、教师公开课等一系列活动。在名师工作室活动中，引导青年教师读透教材、全面把握教材的特点，用自己独特的见解处理教材，提高课堂教学效率。关于教师公开课的落实，课后教研组进行集体研讨、点评，且重视教学方法的运用。强调教法要适合儿童学，以导促学，以导达思，实现儿童的活学活用。学法要利于儿童学，便于操作，在实践中获得真知，在交流中提升能力。通过这些有效的实施，努力实现名师引领、团队合作、优势互补、共同提高，扎实推进"致真课堂"建设。

二、倡导"致真学习"，培养良好习惯

　　"致真学习"的"真"，是指立本于现实生活、体会真实情感的真正的成长。让儿童在愉悦轻松的情况下致真快乐地学习新课程，是"致真学习"

所要达到的目标。真的语文即是创设情境，以真促情，以质朴纯真的语言描述语文学习的本质，以务实求真的精神诠释语文教育的真谛，促进儿童积极主动地获取语文基础知识和基本技能，养成良好的学习习惯。

在教学过程中，儿童是学习的主体，教师则是儿童学习的组织者、引导者。我们以各年级课程目标为指导，教师制定语文学习的具体目标和要求，并将其作为语文学科教学的重要内容，以课堂教学为主要方式，以丰富多彩的活动为载体，通过合理有效的评价，让儿童把良好的学习习惯落到实处，促进儿童语文素养全面提升。

小学阶段是儿童形成习惯的最佳时期，我们秉持"学好语文，习惯先行"的教学观，联合各学科教师齐抓不懈，有目的、有计划、按步骤、有层次地对儿童的学习习惯进行培养。通过家校联合，开展丰富多彩的实践活动，扎实有效地推进儿童养成良好的学习习惯。

三、设立"致真语文节"，激发学习兴趣

义务教育语文课程标准（2011年版）中强调，语文课程应该是开放而富有活力的。为了激发儿童的学习兴趣、求知欲和探索精神，引导儿童在提升语文听、说、读、写等能力的同时能够善交往、明礼仪、会审美。基于此，我们开设"致真语文节"活动。"致真语文节"活动充分体现以真实儿童为本的理念，举行丰富多彩的语文活动，调动了儿童的积极性和主动性，激发了儿童的创造潜能，培养了他们学语文、用语文的能力，丰富了儿童的经历和情感。

在学校"书写怡悦的人生画卷"课程理念的引领下，结合我校儿童的实际情况，我们开展了一系列语文主题相关活动，包括"经典诵读""书法比赛""朗诵比赛""课本剧表演""手抄报评比""好书分享""年级小报评比"等活动。丰富多彩的语文活动，扩大了儿童主动学习的空间，释放了儿童的精神活力，激活了他们的思维，充分发挥了儿童的聪明才智，给儿童搭建了一个展示自我的平台，引导其在实践中进行学习，促进了儿童的全面发展。具体实施方案如下（见表5-2-3）：

表 5-2-3　绿怡小学"致真语文节"活动实施方案

节日主题	活动内容	组 织 实 施
经典诵读	以国学经典（三字经、弟子规等）、古诗词为主要内容。	每学期各年级推行"晨诵午读"活动，推荐相关书目供学生诵阅。每年10月份"语文主题月"各年级会开展丰富多彩的、以经典诵读为主题的活动，如古风雅韵、诗词大会、诗词吟唱等。
书法比赛	以书本上出现的名言警句、古诗词为主要书写内容。	每年12月份举行，低年级硬笔书法比赛（铅笔字），中高年级硬笔书法比赛（钢笔字）。 1—6年级迎新年春联书写比赛（毛笔字）。
朗诵比赛	以红色经典作品等为主要内容。	每周班会会评选班级朗读小明星；每学期学校会评选校级朗读小明星；每年开展红色经典朗诵比赛。
课本剧表演	以所学教材中的课文为主要素材，学生小组合作，教师给出建议与必要的指导。	班级定期开展课本剧表演比赛。教师挖掘课文素材，鼓励学生积极参与。每年5月份学校会开展课本剧表演评比，获奖节目将有机会代表学校参加区级比赛或校级六一文艺汇演。
手抄报评比	以中国传统节日、特色校园活动为主要内容，在此基础上进行加工、创造。	开展以清明、端午、中秋、国庆、春节等节日为主题的手抄报评比活动；开展以足球、节水、淘宝节等为主题的手抄报评比。
好书分享	适合儿童阅读的童谣、绘本、儿童文学、古典名著、外国名著等。	阅读是搜集和处理信息、认识世界、发展思维、获得审美体验的重要途径。为激发孩子的阅读兴趣，班级将好书分享活动作为常规活动。学校每年会举行好书推荐卡评比、好书读后感评比、读书手抄报评比等活动。
年级小报	留心观察周围人、身边事。让儿童易于动笔，乐于表达，引导儿童关注现实，热爱生活，积极向上，表达真情实感。	小报中征文的题目自拟，文体不限，要求写真事，抒真情。各年级组由备课组长牵头，带领年级组教师以及热爱写作的孩子进行综合评比。

四、建立"致真社团"，拓宽学习渠道

在新的课程改革背景下，语文课本不再是教学的唯一依据，语文课堂也不再是语文教学的限定场所。作为培养儿童综合素质的第二课堂，"致真社团"发挥着重要作用。它具有更大的活动空间、更丰富的活动内容、更灵动的活动方式，深受儿童喜爱，已然成为儿童发展个性特长、提升学科素养的一片"新天地"。

"致真社团"以培养儿童语文兴趣为主导，为儿童提供展示自己爱好与

技能的广阔舞台。在我校语文组教师的共同努力下，我们创办了"趣味拼音""汉字魔方""童谣儿歌""小故事家""小演说家""朗诵达人""书墨飘香""电子小报""小辩论家"等众多优质语文学习社团，为学生提供多样化、个性化的自由展示的空间，让学生张扬个性，享受愉悦的语文学习。"致真社团"课程安排如下（见表5-2-4）：

表5-2-4 "致真社团"课程安排

年级	社团名称	课程主要内容
一年级	趣味拼音	主要涉及各类有趣的游戏，如拼音超市、拼音口诀、拼音游戏、拼音故事、拼音趣题、智力测验、拼音练习曲、绕口令等，内容丰富多彩，有益于儿童智力的开发与发展。
二年级	童谣儿歌	通过童谣儿歌，传承中华民族的美德，让儿童学会欣赏美、感受美、表现美，塑造开朗乐观的人格，培养美好的情感，养成良好的行为习惯，体会语言的美感。
一、二年级	汉字魔方	了解汉字的起源和演变、有关汉字的集合，利用汉字相关内容的思维导图，感受汉字的神奇有趣。
二至四年级	小故事家	课程包括童话故事、成语故事、历史故事等。学习故事可以启迪儿童智慧、增强想象力，提升创造力、陶冶情操、积累知识、开阔视野。
四至六年级	小演说家	采取小型、分散的形式。如开展"每日一讲"活动，每天利用课前三分钟，让儿童轮流上台演讲，内容不限，以锻炼儿童的思维能力和当众表达的能力。
五、六年级	小辩论家	辩论赛不仅可以锻炼儿童的辩论能力和合作能力，还可以提高其思维反应速度、沟通技巧，增强语言组织能力和应变能力，这为儿童综合素养的提升搭建了良好的平台。
一至六年级	朗诵达人	配合课内学习，可以安排儿童诗歌朗诵会、古诗词朗诵会；也可以配合班队活动和纪念日的活动安排，组织以"教师赞""党，我亲爱的妈妈""祖国在我心中"等为主题的朗诵会。
一至六年级	书墨飘香	书法是人类文化宝库中一颗璀璨的明珠，被誉为"无色而有图画之灿烂，无声而有音乐之和谐"。为了让儿童提高书写水平，发扬个性特长，培养对祖国传统文化和书法艺术热爱的健康的审美情趣，我们开设了一、二年级铅笔书法，三至六年级钢笔书法，以及一至六年级软笔书法。

年级	社团名称	课程主要内容
一至六年级	电子小报	电子小报开设观察日记、生活随笔、好书推荐、古诗鉴赏等板块，这是一项运用课内外学到的各种知识和能力的综合训练，它融阅读、作文、书法、美术于一体。儿童既当读者，又当编辑，负责写稿、排版、绘制插图等一系列任务。这给儿童提供了综合使用语文、美术等知识的机会。

综上所述，我们以"让语文教学回归本真"的理念为中心，用"致真课堂""致真学习""致真语文节""致真社团"构成"致真语文"的实施路径，为儿童的发展不断助力，最终实现儿童的全面发展。

（撰稿人：曹侠　宋永珍　吴晓燕　谢丽华　张红梅　卫涓　杰平

连培培　唐玫瑰）

第六章

自组织课程：基因与专业的审视

自组织课程理论提出，课程不是封闭地传递、迁移，而是学生与学习环境、教师、教材之间开放性交互对话，转变原有经验的多元化自组织过程。教师既是课程的执行者，又是课程的建构者和实施者。构筑文化视野下的语文课程，唤醒学生的文化基因，教师在实践中提升自我的课程实践素养，实现文化基因和自组织课程的融合。

"教师即课程"，每个课程都会融合任课教师的风格，其风格又与教师的专业知识、个人经历、从教经验息息相关。教师既是课程的执行者，又是课程的建构者和实施者。在自组织课程中，教师的课程意识尤为重要。

课程意识是教师的一种基本专业意识，是教师发展的生长点，是课程群建设的关键因素，教师的课程意识是连接课程理念与课程行为的桥梁，是教师专业化发展的需要。教师的课程意识包含五个方面。①主体意识。主体意识是其他意识的基础和起点，处于核心位置，它标志着教师课程意识的觉醒。②生成意识。课程的生成意识体现了课程在实践中的动态过程。③反思意识。课程的反思意识是主体在实践的基础上提高课程决策力的方法。④资源意识。课程的资源意识是在主体意识参与课程开发所产生的课程实践的"内容"性意识。⑤价值意识。课程的价值意识体现了课程的价值取向，为其他意识指明了课程的发展方向。

本章节指向课程的管理，就课程意识和教师发展来阐述自组织课程中基因与专业的审视。教师课程意识的诸要素紧密联系，相互支撑，相互作用，相互渗透。

凤凰城小学的"童真语文"以发展儿童核心素养为基础，确立教师在课程实施中的主体地位，结合学科课程理念、课程目标和学校现状，从打造"童真课堂"，建立"童真社团"，开设"童真阅读节"，推行"童真之旅"四个方面有效地选择课程实施与评价标准，对课程要求与规范进行再创造，发展个性化的课程理解。比如在"童真课堂"中，教师立足语文课程实际，在真实的课程实践情境中注重评价主体的多元性，考虑儿童的个性差异，从以生为本、全面发展、循序渐进、师生共成等方面不断反思已有的课程经验，提高课程实施质量。

在琥珀小学的"诗意语文"课程实施中，教师作为课程的主体和生成者，进行有效的课程慎思、课程决策和课程实施策略选择，通过落实"诗意课堂"，创设"诗意节日"，建立"诗意社团"，开展"诗意赛事"，开启"诗意之旅"等多种路径推进课程实施。比如落实"诗意课堂"这一部分，教师抓住文本之美，通过诗意的语言让课堂成为一首情境交融、意境深邃的诗，学生浸染其间，处处充盈着诗意之美。从而，凸显教师的主体性和能动性，强化课程的实践价值。

两所学校的教师致力于小学语文学科课程群的研究和实践，教师成为自己工作和专业发展的自觉决策者，而不再是学校命令的被动执行人。他们与志同道合者开展合作交流，这有效激活了教师的主动创造性、参与学科课程群研究的积极性，也呈现出一线教师自觉投入教学活动的生命状态，他们形成一种课程自觉，甚至给自己烙上课程的基因，最终达到"教师即课程"的美好境界。

第一节

童真语文：让儿童心灵世界丰富多彩

合肥市凤凰城小学创办于 2006 年。学校现有语文专任教师 24 人。其中研究生学历 2 人，市级骨干教师 9 人，区级优秀班主任 16 人，区级优秀教师 10 人。教师队伍年轻化、专业化、学历高，具有较高的理论素养和实践经验。按照学校制定的"至美"课程理念，教研组认真开展教研活动，积极参加市、区教育主管部门组织的各类教科研活动，在教科研方面取得了一定成果。

第一部分　学科课程哲学

《义务教育语文课程标准（2011 年版）》中明确指出：语文课程是一门学习语言文字运用的综合性、实践性课程。义务教育阶段的语文课程，应使学生初步学会运用祖国语言文字进行交流沟通，吸收古今中外优秀文化，提高思想文化修养，促进自身精神成长。工具性与人文性的统一，是语文课程的基本特点。

一、学科价值观

语文课程激发和培育学生热爱祖国语文的思想感情，引导学生丰富语言的积累，培养语感，发展思维，初步掌握学习语文的基本方法，养成良好的学习习惯，使他们具有适应实际需要的识字写字能力、阅读能力、写作能力、口语交际能力，正确地理解和运用祖国语言。同时，语文课程还应通过让学生接受优秀文化的熏陶感染，提高思想道德修养和审美情趣，使他们逐步形成良好的个性和健全的人格，促进德、智、体、美诸方面和谐发展。正如杜威所说："因为生长是生活的特征，所以教育就是不断生长。"[①]

因此，我们在尊重儿童身心发展规律的基础上，依据《义务教育语文课程标准（2011年版）》，设定了"童真语文"的学科价值观——让儿童心灵世界丰富多彩。

二、学科课程理念

《义务教育语文课程标准（2011年版）》中指出：学生是语文学习的主体，语文教学应该激发学生的学习兴趣、好奇心、求知欲，发展学生的思维，培养想象力，开发创造潜能，提高学生发现、分析和解决问题的能力，从而提高语文综合应用能力。

"童真语文"是充满童趣的语文。兴趣是能量的调节者，营造充满童趣的教学情境更能激发孩子内心的能量，从而调动其学习兴趣。在教学中把儿童带入情境，让孩子的思维得以充分展开，充满童真童趣的课堂才是有生命力的课堂。

"童真语文"是溢满真情的语文。"缀文者情动而辞发，观文者披文以入情"，教师尊重学生的真实发展，鼓励学生说真话，感真情，从而借助语言文字明辨是非、善恶，树立正确的世界观、人生观、价值观。

"童真语文"是展现自我的语文。儿童是语文学习的主体，尊重儿童身心发展规律是语文教学的根本所在，从儿童的眼光看文本，用童心读文本，采用儿童易于接受的语言，引导儿童自主阅读，自由表达，激发儿童与文本的情感触发，在充满童趣的语文课堂中，促使孩子乐学善思。

学校提出的"童真语文"课程理念，意在追求人的发展，关注儿童的成长。结合儿童身心发展特点，保护儿童的好奇心、求知欲，真正做到让孩子在充满童趣的课程中绽放光彩，让心灵世界丰富多彩，做一个对生活充满童心、充满真情的儿童。

---

① 约翰·杜威. 民主主义与教育［M］. 北京：人民教育出版社，1990：57.

第二部分　学科课程目标

在童真语文课程的开发与建设中，我们清晰地认识到学校课程开发是"人"的建设，落脚点是儿童的发展。而基于学校独特文化理念的"童真语文"则是培养儿童健康的审美情趣，发展个性，培养创新精神和合作精神的重要途径。以儿童为本的"童真语文"课堂，立足于孩子自身，立足于选择适合儿童的学习方式，结合儿童认知发展特点及情感体验，最大化地调动儿童学习的积极性，唤醒儿童言语的生命灵性，激发儿童热爱母语的情感，从而推动儿童思维方式、精神气质、人格特性的整体发展。

一、学科课程总体目标

《义务教育语文课程标准（2011 年版）》提出："课程目标从知识与能力、过程与方法、情感态度与价值观三个方面设计。三者相互渗透，融为一体。目标的设计着眼于语文素养的整体提高。"[①]

依据课程总体目标，结合学校"童真语文"的学科理念，我们确定语文学科课程总体目标为：在课程目标的基础上，发展儿童语言表达能力，促进思维能力提升，学习科学创新的思考方法；以儿童的视角探究世界、观察想象，激发潜能、丰富想象能力，并灵活运用语言文字；能带着一颗真心具体明确、文从字顺地表达自己的爱国主义、集体主义情感；培养创新精神和合作意识，逐步形成积极的人生态度和正确的世界观、价值观。

二、学科课程年级目标

学科课程年级目标依据人民教育出版社编著的语文教材、人民教育出版社编著的《教师教学用书》和《义务教育语文课程标准（2011 年版）》三者相结合，以儿童的发展为落脚点，尽可能地调动和整合儿童的认知、行为、情感等因素，推动学生整体发展。现以六年级上学期为例，制定具体课程年

---

① 中华人民共和国教育部. 义务教育语文课程标准（2011 年版）[S]. 北京：北京师范大学出版社，2012：2.

级目标如下（见表6-1-1）：

表6-1-1 "童真语文"六年级上册单元课程目标表

单元	课 程 目 标
第一单元	共同目标： 1. 背诵并会默写指定古诗词。 2. 能借助课文语言文字展开想象，把握文字表达情感，读出自己的感受。 3. 联系生活经验理解课文中含义深刻的句子，并能由此产生思考。 4. 联系生活经验，详略得当地记叙"变形后"的经历。 5. 体会排比句的表达效果，体会分号的用法。 校本目标： 在"笔尖故事"校本课程中，指导学生联系生活经验亲近大自然，仔细观察，发挥想象，并与同学交流分享，表达自己独特的感受。
第二单元	共同目标： 1. 背诵指定古诗。 2. 结合长征相关背景资料和课文重点语句，感受革命先烈热爱祖国、英勇无畏的英雄气概。 3. 理解什么是演讲，并围绕话题拟定演讲题目，根据要求写好演讲稿。 4. 能够根据活动过程，使用点面结合的手法表达自己的真情实感。 校本目标： 在"能说会道"校本课程中，组织开展演讲活动，要求做到观点明确，语气、语调适当，态度大方，感情恰当，并且具有一定的表现力、感染力。
第三单元	共同目标： 1. 了解什么是"有目的地阅读"。 2. 通过自主阅读、合作探究等形式，学习和领会根据不同阅读目的选用不同阅读方法的阅读策略。 3. 联系已有的学习经验，根据阅读需要，自觉选用之前学到的阅读方法和已经掌握的阅读策略进行阅读。 4. 写生活体验，试着表达自己的看法。 校本目标： 在"成长之旅"校本课程中，组织开展读书交流会，结合阅读体验交流分享，能做到根据不同的阅读目的选择不同的阅读策略。
第四单元	共同目标： 1. 有感情地朗读课文，能整体把握小说的主要情节。 2. 能紧扣情节中人物的语言、动作、心理描写，感受人物形象。 3. 体会环境描写对塑造人物形象的作用。 4. 能根据对象，把说服别人的具体理由讲清楚。 5. 能展开想象，把故事情节写清楚。 6. 能够培养阅读小说的兴趣，并运用方法阅读小说。 校本目标： 在"成长之旅"校本课程中，分享阅读高尔基的《童年》和徐光耀的《小兵张嘎》等描写儿童成长经历的故事，能感受小说情节的曲折和人物形象的丰富，体会成长故事中蕴含的笑与泪、苦与甜，以及带给我们的感动。

自组织课程：：语文学科课程群新视角

单元	课程目标
第五单元	共同目标： 1. 了解作者的写作顺序，学习运用浅显的语言表达情感的方法。 2. 朗读课文，了解每段话的主要意思。 3. 了解课文是怎样围绕中心意思来写的。 4. 默读课文，知道课文写了哪些事例。 5. 感悟文章围绕中心思想选择材料的方法，理解把重点内容写详细、写具体的写作方法。 校本目标： 在"笔尖故事"校本课程中，指导学生绘制思维导图，围绕中心意思，学习从不同方面或选取不同事例，描述自己感受最深的事情。
第六单元	共同目标： 1. 通过反复朗读，体会古诗的意境，了解诗句的意思，培养学生自学能力。 2. 欣赏诗中描写的美丽景色，激发儿童想象力，培养学生审美情趣和能力。 3. 用自己喜欢的方式读课文，把握课文主要内容，说出课文运用的说明方法，体会课文中比喻、拟人修辞手法的表达效果。 4. 想象文字描写的景物，体会作者的感情，感受农民对土地的感情；通过理解重点词语来体会诗人描绘的景物。 5. 讨论问题时能够态度平和，有理有据地讲出自己的看法。 校本目标： 在"家国天下"校本课程中联系实际，通过社会调查、查阅资料让学生从心灵深处认识"只有一个地球"，树立起保护地球，保护地球生态环境的意识，并发出倡议。
第七单元	共同目标： 1. 借助注释了解程度合适的文言文内容，能正确流利朗读。 2. 能结合资料，用自己的话讲述文言小故事。 3. 能按要求提取语言文字信息，能借助语言文字展开想象，感受乐曲之美。 4. 能根据题目的提示，选一个自己的拿手好戏进行思考，仿照例子列一个写作提纲，然后写一篇习作。要求把重点内容写清楚具体，语句通顺连贯。 5. 能根据图文对照，找出说明书写得不清楚的地方并进行修改。 6. 了解做课堂笔记的意义和笔记内容角度，能在实际中运用。 校本目标： 在"颜筋柳骨"校本课程中，指导学生从笔画中理解传统文化精髓，了解历代书法大家情怀，形成良好的书写习惯，树立正确的审美观，不断提高自身审美修养，培养儒雅气质。
第八单元	共同目标： 1. 有感情地朗读课文，能通过典型事例等相关内容，概括闰土是个怎样的少年。从相关的语句中，解读出"我"的内心世界。 2. 能通过文章中典型事例等相关内容，分析人物形象。 3. 联系上下文，通过人物的内心活动描写句子，分析人物内心世界。 4. 通过一定的形式，朗读和背诵"无情未必真豪杰，怜子如何不丈夫"。等鲁迅名言，了解意思，进一步感悟鲁迅的精神品格。

单元	课　程　目　标
	5. 能运用第二人称表达对一个人的情感。 校本目标： 在"笔尖故事"校本课程中，指导学生通过文章中典型事例和人物内心描写，把事情写具体，并融入自己的真情实感。

第三部分　学科课程框架

依据《义务教育语文课程标准（2011 年版）》及学校学科课程目标，构建学校"童真语文"课程框架体系。童真语文课程以发展儿童核心素养为基础，倡导自主、合作、探究的学习方式，借助儿童的眼光看待文本，根据儿童身心发展特点，及其强烈的好奇心、求知欲，用童心读文本，采用儿童易于接受的语言，引导儿童自主阅读，自由表达，激发儿童与文本的情感思维触发点，让课堂充满童真童趣。

一、学科课程结构

《义务教育语文课程标准（2011 版）》中指出：语文学习的内容是"识字与写字""阅读""写作"（第一学段为"写话"，第二、三学段为"习作"）"口语交际"，课程标准还提出了"综合性学习"的要求，即加强语文课程内部诸多方面的联系，加强语文课程与其他课程以及与生活的联系，促进学生语文素养的全面协调地发展。我们将"童真语文"课程分为童真认写、童真阅读、童真交际、童真习作、童真实践五个板块（见图 6-1-1），涵盖各个年级，由浅及深，体现出螺旋上升的特点。以字词为基础，进行听说读写的训练，体现语文学习层层递进逐层深入的特点。

具体表述如下：

1. 童真认写。它是落实小学阶段识字与写字任务的一个重要内容。培养儿童学习祖国优秀书法传统文化，激发儿童识字写字的兴趣，并逐渐养成自主识字和工整规范书写的好习惯，这是课标中的基础目标要求。"童真认写"以此为指导，从"趣认读""乐认写""美书写"这三个方面来重点设计课

图 6-1-1　"童真语文"学科课程结构图

程，让儿童在趣味性的活动中潜移默化地学会识字，规范、工整、美观地书写每一个笔画和生字，为阅读、习作等打好坚实基础。

2. 童真阅读。旨在通过解读优秀作品，培养儿童阅读的能力，让儿童向往美好、关心自然和生命，丰富内心世界的情感。"童真阅读"以教师上好阅读课，学生增加阅读量，且读有所思、思有所得为着力点，从"爱阅读""读有思""思有得"三个层面进行学科课程设置，帮助儿童找到正确的阅读方法，激发儿童阅读兴趣，扩展阅读量，感受语言的优美，获得丰富的情感体验。

3. 童真交际。它是培养儿童表情达意、传递信息，提高儿童人际交往能力的基础。"童真交际"从"说童心""学倾听""抒己见"三方面设置课程创设不同情境，激发儿童的表达欲望，并学会倾听不同意见，最后能够针对生活现象抒发个人观点，从而提高儿童的人际交往和沟通能力。

4. 童真习作。习作是儿童语文综合素养的充分体现，是儿童用自己的眼睛看世界、寻自我。"童真习作"从"写童心""表真情""抒感受"这三个层面引导儿童热爱生活，易于动笔，乐于表达。教学中注重培养儿童敏锐细致的观察能力和丰富的想象能力，让儿童借助习作表达自己内心的真实感受，抒发真情实感，丰富心灵世界。

5. 童真实践。语文综合性学习是立根于现实，基于儿童的自身生活和社会的实际情况的跨学科的融合性学习，是培养儿童主动探究、团结合作精神的重要途径。"童真实践"从"善观察""会合作""能策划"三方面致力于培养孩子主动观察，探究合作学习能力，拓宽语文学习和运用的领域，从而全面提高学生语文素养。

二、学科课程设置

"童真语文"以课程目标的达成和核心素养的落实为出发点，根据儿童身心发展特点，围绕"让儿童心灵世界丰富多彩"的理念，制定了"童真语文"的拓展课程（见表6-1-2）。

表6-1-2　"童真语文"拓展课程设置表

年级	学期	童真认写	童真阅读	童真交际	童真习作	童真实践
一年级	上学期	拼音王国	畅游绘本	绘声绘色	看图说话	漫话春节
	下学期	字正腔圆	日有所诵	彬彬有礼	我画我写	粽叶飘香
二年级	上学期	生字开花	腹有诗书	童言趣语	文思泉涌	信手拈来
	下学期	教一识百	悦读识趣	能言善辩	文从字顺	动而有序
三年级	上学期	金字招牌	手不释卷	侃侃而谈	文不加点	学为所用
	下学期	识字知书	开卷有益	妙语连珠	表情达意	博闻强识
四年级	上学期	咬文嚼字	知书达理	言由心声	有理有据	亲身历练
	下学期	颜筋柳骨	书海遨游	你说我讲	文从我心	知行合一
五年级	上学期	世说新词	书海拾贝	出口成章	纸墨传情	热点聚焦
	下学期	见字如面	群文悦读	百家讲坛	童心飞扬	我型我秀
六年级	上学期	颜筋柳骨	成长之旅	能说会道	笔尖故事	家国天下
	下学期	笔墨飘香	风雅传唱	锦心绣口	明日之星	我的故事

第四部分　学科课程实施与评价

《义务教育语文课程标准（2011年版）》指出："语文课程评价的根本目的是为了促进学生学习，改善教师教学。应充分发挥语文课程评价的多重功能，恰当运用多种评价方式，注重评价主体的多元与互动，突出语文课程评价的整体性和综合性。"①　"童真语文"课程以此为依据，结合学科课程理念、课程目标和学校现状，从"童真课堂""童真社团""童真阅读节""童真之旅"四个方面实施与评价。

一、打造"童真课堂"，让语文课程充满童趣

"童真课堂"的核心理念是以儿童为本，以"真心"为先，坚持以儿童为中心，尊重学生的主体地位，充分考虑学生的个体特性。"童真课堂"在原有的课堂文化基础上，聚焦学生核心素养，依据卢梭教育思想，致力于创设真思、真学、真言、真情的课堂，更多地关注到学科核心素养，从而明确语文学科建设的方向。

1. "童真课堂"是以生为本的课堂。始终把儿童作为学习的主体，结合学生之间的个体差异，根据孩子的实际需要确定目标，促使儿童在原有的基础上有所发展。

2. "童真课堂"是循序渐进的课堂。教学形式灵活多样，情境创设新颖，注重激发学生的学习动机，引导儿童充分思考、想象、质疑，培养学生讨论、探究、合作的学习能力。

3. "童真课堂"是全面发展的课堂。正确把握教材并创造性地使用，实现各学科知识的相互融合。

4. "童真课堂"是师生共成的课堂。创设民主和谐的课堂氛围，注重学生精神饱满的学习，达到师生共情、教学相长。

---

① 中华人民共和国教育部. 义务教育语文课程标准（2011年版）[S]. 北京：北京师范大学出版社，2012：2.

二、建立"童真社团",让语文课程贴近生活

"童真社团"课程以儿童的直接经验为主,孩子通过亲自实践,获得知识、情感态度及培养价值观。其目的就在于通过让语文课程与其他学科活动相互补充,让儿童获得对世界的直观体验。

为了激发儿童阅读的热情,丰富孩子的课余文化生活,提高孩子的思维能力、审美能力、创造能力,让语文课程贴近生活,学校"童真社团"以各种系列读书活动、形式多样的故事会、国学诵读赏析等形式开展社团课程。我校"童真社团"课程设置具体如下(见表6-1-3):

表6-1-3 "童真社团"课程设置表

实施年级	微型课程	学习目标	活动设计
一年级	绘本欣赏	通过阅读经典绘本,提高幼儿的阅读兴趣,养成良好的阅读习惯。	1. 学校开设绘本阅读课 2. 家庭亲子阅读评比
二年级	故事王国	能比较流利地讲一个故事,懂得小故事蕴含大道理。	1. 亲子故事会 2. 讲故事比赛
三年级	唐诗诵读	开启儿童的创新思维,引导孩子启发智慧和培养优秀的人格。	1. 举行诵读比赛 2. 诗配画 3. 诗配乐表演
四年级	多彩语言	让儿童借助优美的语言环境感受汉字的魅力,从而提高对语言文字的热爱。	1. 开展讲故事活动 2. 小小主持人展示
五年级	名著欣赏	培养阅读、欣赏与审美能力。	1. 名著赏析 2. 读书交流会
六年级	古文吟诵	夯实文言根基,弘扬优质传统文化,陶冶情操,提高语言文字素养。	1. 古诗文吟诵 2. 编写小古文

三、开设"童真阅读节",让语文课程丰富多彩

"童真阅读节"紧紧围绕语文课程目标要求,将听、说、读、写等内容以游戏的形式呈现,增加其挑战性,调动儿童参与的热情,以达到让儿童在活动中学习运用语言文字的目的。儿童通过丰富多彩的阅读节活动课程,在体验教育和实践活动中丰富感性积累,提升理性认知,丰富文化底蕴,开阔视野,从而提升整合能力。

1. 班级层面"师生乐读"活动(见图6-1-2)

（1）"经典诵读"活动一以贯之。上好早午读和阅读课，1—6年级按读书节要求分别组织学生诵读《笠翁对韵》《三字经》《孟子》《论语》《中庸》等国学经典。

（2）组织"图书漂流"活动。以班级为单位，开展读书漂流活动，发动每个儿童把自己最喜欢的一本好书带到班级图书柜，再以好书推荐的方式互相推荐借阅，在班级内漂流，实现"好书共享"。

（3）组织"课前说名著"活动。开展课前"说"名著活动。活动中可以介绍名著内容、写作背景、读书心得等，每个儿童在读懂、读透的基础上充分利用课前3分钟与同学交流，开展好书介绍和分享。在此基础上，每个班级推荐2名孩子参加校级"书香少年"评选。

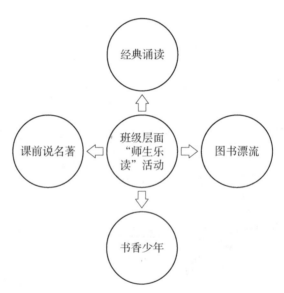

图6-1-2　"童真阅读节"班级层面课程活动图

2. 儿童家庭层面"亲子共读"活动

（1）倡导本校每个孩子家庭都建立小书房，没有条件的就建立一个家庭图书角，开展亲子共读，让家庭充满书香。

（2）每个儿童和家长以文字、照片、绘画、短视频等形式讲述自己和书的故事。内容可以是家长读教育类书籍的心得交流，也可以是家长和孩子同读一本书后的感受分享。图片内容可以是亲子阅读时的场景，也可以是自家书架的展示与介绍等。各班级择优推荐1名儿童家庭参加校级"书香家庭"评选。

3. 学校层面"阅读与课程整合"活动

儿童的成长不只是知识的积累，也是审美情趣、行为态度、道德品质、思维方式等各方面的综合发展。

（1）阅读＋语文：征文比赛（六年级）。通过征文形式给孩子分享自己的读书心得提供平台，全面提高儿童的语文素养。开展一次"好书伴我成长"为主题的征文比赛。

（2）阅读＋数学：数学小日记（三年级）。用日记形式记录数学学习的思考过程和方法及达到的学习效果。开展撰写数学小日记的评比活动。

（3）阅读＋英语：英语绘本阅读（一年级）。为培养低年级孩子的英语语感和适当了解英语文化。教授孩子如何正确阅读英语绘本。

（4）阅读＋科学：我为科学狂—科学知识竞赛（五年级）。为真正做到全学科融合，让儿童感受到无处不在的科学知识，开展一场以生活中的科学为主题的科普知识竞赛。

（5）阅读＋美术：古诗配画（二年级）。通过古诗配画活动，使儿童进一步感悟经典文化内涵，体会古诗"诗画同源"的独特韵味，从诗画中得到美的启蒙。开展给古诗词配画的评比活动。

（6）阅读＋音乐：小小朗读者（四年级）。音乐是一种特殊的语言表达方式，在朗诵时配上合适的音乐，可以让儿童深刻理解文学作品的内容。开展现代诗配乐朗诵比赛。

四、推行童真之旅，延伸课堂内外

"童真之旅"系列课程通过整合校内外课程资源，以校外实践活动为载体，带领儿童参与少先队活动、场馆活动和主题教育活动，参观爱国主义教育基地等，从而获得有积极意义的价值体验。

创设活动体验模式。开展1＋X的课程辅导模式，让更多的学科教师、家长参与体验活动中进行辅导工作。体验活动除了班主任上好一次启动课，组织一次实地考察活动，做好一次总结评价以外，学校主动上门联系，和李鸿章故居、安徽省历史博物馆建立共建单位，签订协议，邀请学科教师、不同职业的家长成立资源开发小组、家长顾问团，共同参与项目的开展。体验活动让学科教师、各行各业家长、社区人员走到了一起，真正树立全方位的课程资源观、教育观。

充分利用地域特点，开发地方资源。合肥周边有李鸿章故居、刘铭传故居、安徽省博物馆、安徽名人馆、龙泉古寺、明教寺……一座座古建筑本身就是沉甸甸的文化遗产，它们可以引导学生感悟、体会民族精神的表现力；一处处名人名宅催人奋进，发人深省；一条条文化长廊就是文化知识的海洋。我校"童真之旅"课程设置具体如下（见表6-1-4）：

表6-1-4 "童真之旅"课程设置表

年级	主题	地点	目的
一年级	走进大自然	湿地公园、动物、海洋馆等	走进自然，感受自然的广袤与纯真。
二年级	阅读之路	安徽省图书馆	置身于书的海洋，与经典对话，培养读书的好习惯。
三年级	探寻历史之旅	拜访包拯故居、李鸿章故居、安徽省博物馆	了解家乡的历史、激发对家乡的热爱。
四年级	家乡的名胜古迹	逍遥津、三国遗址公园等	寻访古迹，感受家乡文化，激发对家乡的热爱。
五年级	科技之旅	合肥市科技馆	探索科技奥秘，感受科学的魅力。
六年级	走进安徽	青松食品厂、小黄人运输线等	增加社会经验，提高实践能力。

在课时安排方面，1—2年级，每学期不少于1课时，3—6年级不少于2课时。根据实际情况灵活运用各种组织方式，明确分工，做到人尽其责，合理高效。既要让学生有独立思考的时间和空间，又要充分发挥合作学习的优势，培养儿童的自主参与意识与合作沟通能力，鼓励儿童走进社区走进社会，借助各种信息技术手段，感受生活、感受社会时代的变迁。

总之，"童真语文"是合肥市凤凰城小学的语文教育追求，我们坚持以"童心"为本，以"真心"为先，致力于培养儿童语言文字的运用能力和综合素养的提升，从学校生情、师情、校情的实际出发，让儿童在充满童趣的课程中丰富心灵，让生命在"童真语文"学科课程滋养中自由生长、蓬勃向上。

（撰稿人：袁媛 马晓雨 周美琴）

诗意语文：为儿童铺垫精神底色

合肥市琥珀小学语文组，现有专任教师 40 人，其中省级教坛新星 1 人，市级教坛新星 1 人，合肥市学科带头人 2 人，骨干教师 6 人。师资队伍优良，结构合理。近年来，教研组基于教学实践，认真开展教研组活动和备课组活动，积极参加各类比赛，先后获得多项荣誉。深厚的文化底蕴、浓厚的教研氛围促使琥珀小学语文学科萌发出活力与生机。我们依据教育部《关于深化课程改革，落实立德树人根本任务的意见》《义务教育语文课程标准（2011 年版）》等要求，推进我校"诗意语文"学科课程建设，取得了满意的效果。

第一部分　学科课程哲学

《义务教育语文课程标准（2011 年版）》中明确指出："语文课程是一门学习语言文字运用的综合性、实践性课程。义务教育阶段的语文课程，应使学生初步学会运用祖国语言文字进行交流沟通，吸收古今中外优秀文化，提高思想文化修养，促进自身精神成长。工具性与人文性的统一，是语文课程的基本特点。"[①]

---

① 中华人民共和国教育部. 义务教育语文课程标准（2011 年版）[S]. 北京：北京师范大学出版社，2012：2.

一、学科价值观

基于这种认识，我们认为，语文课程的核心价值观是激发和培养儿童热爱祖国语言的思想感情，培养儿童初步掌握学习语文的基本方法，养成良好的学习习惯，正确理解和运用祖国语言。同时，还应让儿童通过接受优秀文化的熏陶感染，提高思想道德修养和审美情趣，逐步形成良好的个性和健全的人格，促进德、智、体、美诸方面和谐发展。因此，我校语文课程的学科价值观设定为让儿童在诗意语文中浸润成长。

二、学科课程理念

语文教育应当重视儿童精神的熏陶和感染，将生命融于语文教育，将语文教育融于生活，让语文教育成为生命的诗意存在。因此，我校将语文学科课程哲学定为"诗意语文"，旨在激发儿童学习语文的兴趣，培养儿童关注语文、享受语文的意识。

"诗意语文"是生活的语文。生活中处处有语文，尊重儿童对生活的体验和感悟。无论是妙趣横生的课内教学，还是精彩纷呈的课外活动，都以帮助儿童亲近母语为出发点，从而激发儿童在生活中学习语文的兴趣，使语文返朴归真，让语文回归生活。

"诗意语文"是灵动的语文。让儿童在轻松愉快中喜爱语文，让语文学习成为儿童的一种期盼和向往。通过多种形式，引导儿童不断学习和感悟，从而成长为有情趣、有思想、有灵气的儿童。

"诗意语文"是精神的语文。学习语文的过程，是儿童精神享受的过程，是为儿童铺垫精神底色的过程。在引导学生充分感悟文章内涵的基础上，对儿童进行道德品质的教育，培养他们形成高尚正直的人格、谦虚谨慎的作风和大公无私的美德，使儿童的精神世界得到升华。

"诗意语文"是民族的语文。语文蕴涵着厚重的民族精神和民族文化。让儿童在语文学习中领略源远流长的中华文化之美，传承弘扬中华文化，从小扎下优秀民族文化的根，坚持中华民族的文化自信。

基于此，我们将"诗意语文"的理念确定为：为儿童铺垫精神底色。倡导在生活中学习语文，在语文中感悟生活，将诗意浸润到课程中，融入到儿童的精神世界里。

确立学科课程目标是建构"诗意语文"课程体系的基础。为此，学校依据《义务教育语文课程标准（2011 年版）》，结合"诗意语文"的课程理念，制定我校语文学科课程目标。

一、学科课程总体目标

根据课程标准的要求，结合全面提高语文素养、正确把握语文教学的特点，学校从识字与写字、阅读、习作、口语交际、综合性学习五个方面入手，制定了我校语文学科课程的总体目标，具体表述如下：

（一）识字与写字

学会汉语拼音，能说好普通话。认识 3500 个左右常用汉字。能正确、工整、美观地书写汉字，养成良好的书写习惯，并有一定的速度。培养热爱祖国语言文字的情感，增强学习语文的自信心。

（二）阅读

激发阅读兴趣，掌握多种阅读方法，培养良好的阅读习惯和能力。能初步鉴赏评价文学作品，丰富自己的精神世界。培养借助工具书阅读浅易文言文的能力。认识中华文化的丰厚博大，提高文化品位。

（三）习作

培养写作兴趣，养成留心观察身边事物的习惯。能具体明确、文从字顺地表达自己的见闻、感受和想法。能根据需要，积累丰富的写作素材，运用常见的表达方式写作，培养书面语言运用能力。

（四）口语交际

具有日常口语交际的基本能力，态度大方有礼貌。在各种交际情境中，学会倾听、敢于表达、乐于交流，初步学会文明地进行人际沟通和社会交往，提升交际能力。

（五）综合性学习

学会使用常用的语文工具书。初步具备搜集和处理信息的能力，积极尝试运用新技术和多种媒体学习语文。能主动进行探究性学习，激发想象力和创造潜能，培养语文知识的综合运用能力。

二、学科课程年级目标

依据人民教育出版社编著的语文教材、人民教育出版社编著的《教师教学用书》和《义务教育语文课程标准（2011 年版）》，结合我校语文学科课程总目标和儿童的学情，以六年级下册为例，特制定具体课程年级目标如下（见表 6 - 2 - 1）：

表 6 - 2 - 1　"诗意语文"六年级下册单元课程目标表

单元	课 程 目 标
第一单元	共同目标： 1. 会写 34 个字、 38 个词语。 2. 能区分课文内容的主次，了解课文如何安排详略及其效果。体会详写主要内容的好处。 3. 有感情地朗读课文，背古诗。 4. 体会课文丰富多样的语言风格，感受传统民俗文化的魅力。 5. 了解不同习俗的意义，能介绍一种风俗文化或写下自己曾经参加风俗文化活动的经历。 校本目标： 引导学生了解中国传统文化，感受民族文化中蕴含的人情美、文化美，激发学生对祖国传统文化的热爱。
第二单元	共同目标： 1. 会写 15 个字、 20 个词语。 2. 能够利用作品梗概，了解名著的主要内容。 3. 能针对课文中印象深刻的人物和情节交流感受和体会，并围绕人物做出简单的评价。 4. 产生阅读原著的兴趣。 5. 能以原著为依据，有理有据地说明自己的观点。 6. 能倾听别人的观点并分辨其观点是否有道理，有依据。 7. 能写出自己读过的一本书的作品梗概，并与同学分享，根据反馈进行修改。 校本目标： 能产生阅读世界名著的兴趣，同时，能做读书笔记，与同学交流阅读的收获。
第三单元	共同目标： 1. 会写 19 个字、 29 个词语。 2. 了解课文的主要内容，体会作者隐藏在文字背后的情感。 3. 能结合课文，感悟并交流作者表达真情实感的方法。 4. 能选择一两个具体的情境，运用把情感融入景物之中的方法写一段话。 5. 能选择合适的事例具体描述，并能真实自然地抒发自己的情感。 校本目标： 引导学生运用学到的习作方法，结合自己的生活经历，选择印象特别深刻的事情，写出自己独特的感受，不说假话、空话、套话，表达真情实感。

单元	课 程 目 标
第四单元	共同目标: 1. 会写28个字、 37个词语。 2. 有感情地朗读课文。把握课文的主要内容,能关注人物的外貌、神态、语言等细节描写,体会人物内在的精神品质,从而受到革命文化教育。 3. 能根据不同的场合、对象等,迅速组织语言,即兴发言。能选择适合的材料和方式自由抒写自己的心愿。 4. 能用修改符号自主修改习作。能关注文章的开头和结尾,并展开交流,发现特点,体会这样表达的好处。 5. 能联系自己读过的古诗,了解哪些事物被古人赋予了人的志向和品格。体会外貌和神态描写对塑造人物形象的重要作用。 校本目标: 让学生充分感受人物崇高的精神品质,对学生进行革命文化教育,培养高尚的道德情操。
第五单元	共同目标: 1. 会写24个字、 37个词语。 2. 能正确、流利地朗读课文。能概括课文中的事例,体会课文用具体的事例论证观点的方法。能结合文中的相关语句体会人物的探索精神。 3. 练习辩论,提高口头表达能力,学会全面、多角度地看待事情、处理问题。 4. 能够借助相关的科学知识,展开合理的想象,写出奇特新颖又令人信服的科幻故事,并能根据别人的建议自主修改习作。 5. 回顾小学六年的语文学习,总结并交流自己养成的良好的学习习惯。 校本目标: 引导学生初步了解论说类文章常见的表达方法,鼓励学生勇于表达自己的独特的想法,并能用具体的事例有理有据地去论证自己的观点。
第六单元	共同目标: 1. 围绕单元及板块主题,与同学交流、协商,制定阶段活动计划。 2. 根据活动主题收集和整理反映小学难忘生活的资料,并与老师和同学分享美好的回忆。 3. 参考"活动建议"和"阅读材料",自主整理成长资料,设计制作成长纪念册。 4. 与人合作,策划、筹备并举办毕业联欢会,表达对师友、对母校的惜别之情。用书信等形式表达情感,与人交流。 校本目标: 能根据自己的需要收集、筛选和分类整理资料,同时,运用语文知识和能力开展毕业主题活动。

第三部分 学科课程框架

基于"诗意语文"学科课程理念和目标,我校"诗意语文"课程框架依据学校"美好"课程体系，以满足儿童的个性化学习需求为目标，培养儿童的潜能和特长、自我认知和自我选择能力。

一、学科课程结构

《义务教育语文课程标准（2011年版）》中指出：语文学习的内容是"识字与写字""阅读""写作"（第一学段为"写话"，第二、三学段为"习作"）"口语交际"，课程标准还提出了"综合性学习"的要求，即加强语文课程内部诸多方面的联系，加强语文课程与其他课程以及与生活的联系，促进学生语文素养的全面协调地发展。因此，我校围绕识字写字、阅读、口语交际、习作、综合性学习五个维度，设置"诗意识写、诗意品读、诗意写作、诗意交际、诗意实践"五个板块，按年级分阶段设计了多门课程。琥珀小学"诗意语文"课程群结构（见图6-2-1）如下：

图6-2-1　"诗意语文"课程结构图

具体表述如下：

1. 诗意识写。培养儿童识字写字能力，遵循识写分开，多认少写的识字策略。培养儿童按照规范要求认真写好汉字，探索字体的演变，感受义字的魅力。

2. 诗意品读。培养儿童对文章的内容和表达有自己的理解，让儿童在有底蕴、有情怀的语文课堂中，浸润美好情感，感悟深邃思想，积累丰富语言。

3. 诗意写作。培养儿童观察日常点滴，发现日常生活的多姿多彩。能抓住日常生活中细小的材料，来反映生活中的典型意义。有自己独特的体会和感受，提高自主写作的能力。

4. 诗意交际。培养儿童的口语交际能力，引导儿童注意场合，学习文明得体的交流方法，向别人表达观点时注意表情和语气，在别人分享观点和心得时专注地倾听，提高儿童的口语交际能力。

5. 诗意实践。培养儿童综合运用语文知识的能力，能通过查找资料、讨论、分析等方法解决自己感兴趣的问题和共同关注的热点问题。能用多种形式及方法展示实践成果，感受语文世界的缤纷多彩。

二、学科课程设置

我校根据一到六年级儿童的不同年龄特点，分别从诗意识写、诗意品读、诗意写作、诗意交际、诗意实践五个方面展开指导儿童学习语文知识，感受语文的魅力。因此，我校根据儿童学习需求，开发了丰富多彩的拓展课程，诗意语文拓展课程设置（见表6-2-2）如下：

表6-2-2　"诗意语文"拓展课程设置表

年级 \ 课程		诗意识写	诗意品读	诗意写作	诗意交际	诗意实践
一年级	上学期	趣味拼音	趣吟字经	你说我写	我名我秀	童年书馆
	下学期	快乐识写	声律启蒙	看图写话	故事大王	探秘文字
二年级	上学期	巧记笔画	走进童话	手写我见	童话在线	小小义工
	下学期	生字开花	感悟神话	手写我心	报知天下	传统节日
三年级	上学期	有"形"有"声"	漫话成语	快乐日记	校园趣事	四季之美
	下学期	字形辨析	品悟寓言	摘抄乐园	启智寓言	古韵春联
四年级	上学期	词语荟萃	走进冰心	场景故事	心灵驿站	讲述故事
	下学期	成语集锦	亲近李杜	日常随笔	畅所欲言	走进自然
五年级	上学期	汉字之源	解读苏轼	最美少年	小演说家	创意广告
	下学期	说文解字	学习鲁迅	最美教师	百家讲坛	佳片有约
六年级	上学期	书艺修养	名人传记	随笔荟萃	家风分享	历史足迹
	下学期	书法达人	步入论语	展望未来	最佳辩手	我爱我校

第四部分　学科课程实施与评价

依据《义务教育语文课程标准（2011 年版）》中提出的实施和评价的建议，语文学科通过落实"诗意课堂"，创设"诗意节日"，建立"诗意社团"，开展"诗意赛事"，开启"诗意之旅"等多种路径推进课程实施。依据学情，由浅入深，分年级、分学期实施，努力实现课程的实践性和综合性。充分发挥课程评价的多种功能，运用多种评价方式，培养儿童的创新精神和实践能力。

一、落实"诗意课堂"，夯实语文根基

"诗意课堂"是充满诗情画意的课堂，营造情感氛围和审美空间，让儿童沉醉其中，让课堂充满浓浓的诗意。同时，"诗意课堂"唤醒儿童心中沉睡的诗性，奏响他们心中诗的琴弦，让诗意的清泉流进美丽的语文课堂。儿童处于良好的、愉快的学习氛围中，感受学习的快乐。

"诗意课堂"是琥珀小学实践"诗意语文"的产物，是灵动的、本真的、原生态的课堂。

"诗意课堂"是灵动的课堂。师生关系平等对话，教学相长完美体现，民主尊重多元互动，优势互补和谐交往。以学生为本，学生在平等、开放、自主、合作的氛围中学习，师生在互动中相互促进、沟通。

"诗意课堂"是本真的课堂。本真的教学需要大智慧，需要我们在平实的课堂中捕捉灵感，适时、随机点燃学生思维的火花，让儿童在语文学习中增长智慧、形成思想。

"诗意课堂"是原生态的课堂。原生态课堂就是让儿童自由表达，让儿童保持对知识的兴趣，形成自己独特的判断力和审美观，展示自己的能力，发现自己的价值。

二、创设"诗意节日"，享受学习快乐

节日具有丰富的文化内涵。文化内涵可通过完整的课程体系向孩子进行传递，使文化更加生动形象，可感可触。学校通过创设"诗意节日"，引导

儿童关注生活，增强生活仪式感，丰富"诗意语文"的内涵。

学校每年举办"诗意节日"（见表6-2-3），积极营造浓厚的语文学习氛围，以不同的主题活动激发儿童的学习热情。

表6-2-3 "诗意节日"课程安排表

时间	年级	活动名称	课程内容
1月	一至六年级	欢喜迎新年	写对联说年俗
2月		琥娃猜谜乐	做灯笼猜灯谜
4月		图书淘淘乐	交换书共分享
6月		粽叶飘香满校园	包粽子忆屈原
9月		经典诵读	吟诵经典传承文化
12月		书香家庭进校园	分享阅读交流感悟

三、建立"诗意社团"，激发学习兴趣

"诗意社团"是语文学习实践的重要组成部分，是儿童展示自我的平台。我们以让每个儿童每学期至少参加一个诗意语文社团为目标，引导儿童参加各类社团活动，努力让每位儿童都能掌握一项语文专项特长。学校开设了形式多样的社团，这些丰富多彩的社团活动，既扩大了儿童语文学习的领域，又给儿童打开了学习语文的另一扇窗户，让儿童在潜移默化中获得知识和能力的成长。

各项语文课程和活动均设立具体的负责教师，由学校根据教师在语文领域的专业、特长和爱好，在自愿的基础上统筹调配，每个课程配置2名教师，一名教师负责具体的教学活动安排、备课等教学任务；一名教师负责考勤并协助授课教师完成教学活动。我们把"诗意社团"的全部活动安排在每周固定的时间，这样便于教师统一安排，有利于学校形成浓厚的社团氛围，也有利于激发儿童学习语文的兴趣，使儿童在社团活动中感受角色的转化，体会成功的喜悦，从而丰富儿童的文化生活，提升儿童的人文素养。（见表6-2-4）

表6-2-4　"诗意社团"课程安排表

社团名称	课程内容
诗意阅读社	经典阅读
演讲与口才社	金话筒
	历史解说家
创作与表演社	古诗词鉴赏
	课本剧创作与表演
诗意文学社	名人名家讲座
	儿童文学鉴赏
辩论社	辩论赛的开展与辩论的技巧
电影鉴赏社	影视鉴赏与评价

四、开展"诗意赛事"，丰富生活体验

为激发儿童学习语文的兴趣，我们开展了形式多样的赛事活动，发展儿童的潜能。开展竞赛活动，丰富了校园文化生活，是儿童喜闻乐见的学习方式。学校充分开发班级、家庭资源，安排合理的赛事时间，开展硬笔书法比赛、经典诵读等传统赛事活动，让儿童在活动中个性特长得到发展、风采得到展示。

1. 经典诵读比赛。经典著作是我国民族文化教育精神的一个庞大载体，是我们民族生存的根基，也是我们民族精神的纽带。学校每年组织全校范围内吟诵经典的比赛，采取独诵、合诵的形式，以班级为单位，进行评选。让儿童在诵读中亲近中华经典，掀起诵读经典的热潮。

2. 硬笔书法比赛。为丰富儿童的课余生活，展示儿童硬笔书法风采，增强儿童写规范字、用规范字的意识，营造校园文化建设的氛围，学校每年组织全校范围内的汉字书写比赛，并邀请评委进行全面评价。优秀的作品在班级、校园内进行张贴。这既鼓励了儿童，也美化了校园环境。

3. 飞花令比赛。为了弘扬中华优秀传统文化，激发诵读经典诗词的兴趣，让儿童领略古诗文的独特魅力，学校每年组织五、六年级学生开展飞花令比赛。比赛在班级组织推荐的基础上，参加学校层面的比赛。让儿童走进古诗文的乐园，让儿童心灵沐浴书香。

4. 汉字听写大赛。每年的学科活动月，学校都会举办汉字听写大赛。各

班级先进行初赛，再选拔优胜者参加校级比赛。这既是对儿童识字、写字掌握情况的检阅，也是对儿童书写情况的考查。

5. 诗配画创作大赛。儿童选择自己喜爱的一首古诗，发挥想象，配上相应的图画，让浓浓的诗情变成鲜活亮丽的画面。一幅幅作品承载着孩子们小小的情怀，传达了他们对古诗的理解和诠释，让古诗绽放出了新的生命力。画作中五彩缤纷的春天，杨柳依依的河畔，大漠风沙的边疆，广袤深远的天空，多角度、立体地展现出了孩子们心中诗意的世界。

五、开启"诗意之旅"，拓宽实践天地

"诗意之旅"就是利用本地的资源条件为儿童营造浓厚的文化氛围，引导儿童走进自然和社会，拓宽儿童的视野，提高儿童的社会责任感和实践能力，培养儿童热爱祖国、热爱家乡的情怀。

生活是儿童语言学习的源泉，只有将语文实践和生活结合起来，让儿童迈开脚步，行走在"诗意之旅"中，才能让他们感受到语文无处不在。

开启语文学习之旅，就是开启了语文思维之路，让儿童从生活中发现语文、感悟语文、创造语文，是实施"诗意语文"的有效途径。学校根据各年级具体情况，制定详细的研学旅行方案，分批进行"诗意之旅"活动。在"诗意语文之旅"的行走中，孩子们睁开眼睛凝视万物，竖起耳朵倾听万籁，敞开心扉感悟万种风情。

根据以上认识，我们设置了"诗意之旅"课程（见表6-2-5）。

表6-2-5 "诗意之旅"课程安排表

时间	活动地点	参加人员	课程名称
3月	安徽图书城	五、六年级学生	书的海洋
4月	烈士陵园	三、四年级学生	缅怀英雄
5月	安徽省博物馆	一、二年级学生	感受历史
6月	渡江战役纪念馆	四、五年级学生	红色之旅
9月	李鸿章故居	三、四年级学生	李鸿章人生
10月	安徽名人馆	四、五年级学生	了解名人
11月	包公祠	二、三年级学生	做人之道

　　总之，"诗意语文"是我校全体教师公认的教学理想和教学追求。它以为儿童铺垫精神底色为出发点，采用多种方式扎实推进课程实施，实现每一个课程目标，让儿童在"诗意语文"中精彩绽放。相信在我们的不断努力和坚持下，在师生相互交流的前提下，一定能让儿童实现展翅高飞的理想。

（撰稿人：金玲　张晓芳　陆云霞　杨晨）

后记

本书是合肥市蜀山区小学语文教研室带领 12 所学校的骨干教师集中高频学习时间，站在儿童的角度，探索学科课程建设的成果。《自组织课程：语文学科课程群新视角》中的"新"在哪里，"新视角"关注点在何处，"自组织课程"下语文学科群方案的范式和价值怎样凸显？这些是大家不断回顾审视本校课程群方案的着力点。

这个暴雨与骄阳交织的夏天，见证了蜀山"小语人"的自我学习、自我建构、自我发展和自我成长。七月湿漉漉的阴雨曾与我们相伴，从学科到课程、从固化到多变、从他组织到自组织，在反反复复的探索中，我们逐渐意识到，课程体系需要足够的开放性，来促使教师、学生与课程进行不断对话。课程内容不仅要打开学科间的联通，还要关联与自然、社会的结合。课程实施，是为了提升学习者自我意识……八月明晃晃的骄阳见证了我们的成长，不断地破与立，不断地问与答，不断地删与增。字斟句酌中，我们发现，每个人对课程的理解发生了根本性改变。课程不再仅仅以开发为核心，不再单纯指向行为和结果。大家对本校语文学科课程群的认知，也从外在模仿架构，到走向学科深处。各校基于校情，找到国家课程校本化实施的相关触发点，从儿童的需求出发，将触发点向下扎根、向远生发。

课程是一个持续不断的自组织过程，其根本动力来自实践，课程要成为实践活动的载体。当下语文教育正经历着从现代到后现代的课程范式转型。虽然我国传统的课程改革实践确实存在许多弊端，但解决之道不在于全盘否定它，而在于如何改进完善它。毕竟课程改革实践的价值取向不是非此即彼的两极选择。我们不能因为现行的或传统的课程内容过于强调科学知识和科学性便要取缔科学知识，鼓吹不确定性和相对性乃至反对真理的存在；我们也不能因为课程结构过于单一就不要结构；不能因为课程设计过于线性化就要使其混沌；不能因为课程评价过于强调标准划一就取消一切标准；不能因为师生关系上过于强调教师权威性而取消师道尊严；在学生原本就学习动力不强的情况下就更不能提倡反主体性了。我们运用自组织理论来激活教师群体的创造力，引导教师在实践中提升自我的课程实践素养，实现文化基因和课程的融合。但自组织课程观也不是能够切实解决中国课程建设各种实际问题的灵丹妙药。我们要更加明晰课程建设的方向，全面考量各要素的转化与应用，从而实现立德树人的旨归。

《自组织课程：语文学科课程群新视角》一书，是蜀山区小学语文人集体智慧的结晶，是他们探索小学语文学科建设过程中留下的足迹，更是每所学校在课程建设过程中的心路写照。也许它并不完善，并不完美，但它见证了我们的成长。成长，是最宝贵的经历；成长，是最美的样子！

感谢上海市教育科学研究院品质课程团队的指导，感谢合肥市蜀山区教育体育局搭建的品质课程平台，感谢学校和老师们的不懈坚持和努力！

学校整体课程规划的七个关键	978 - 7 - 5760 - 0424 - 3	62.00	2021 年 3 月
课堂教学的 30 个微技术	978 - 7 - 5760 - 1043 - 5	52.00	2020 年 12 月
教学诠释学	978 - 7 - 5760 - 0394 - 9	42.00	2020 年 9 月
原点教学:提升区域育人质量的策略研究			
	978 - 7 - 5760 - 0212 - 6	56.00	2020 年 8 月

学校课程发展精品丛书

学科课程群与全经验学习	978 - 7 - 5760 - 0583 - 7	48.00	2021 年 1 月
育人目标与课程逻辑	978 - 7 - 5760 - 0640 - 7	52.00	2021 年 2 月
学科课程与深度学习	978 - 7 - 5760 - 0505 - 9	52.00	2021 年 2 月
学校课程的文化表情：百花园课程的学科指向与深度实施			
	978 - 7 - 5760 - 0677 - 3	38.00	2021 年 2 月
学校文化与课程变革	978 - 7 - 5760 - 0544 - 8	62.00	2021 年 2 月
语文天生重要：语文学科课程群设计	978 - 7 - 5760 - 0655 - 1	44.00	2021 年 2 月
五育并举的课程体系：致良知课程的旨趣与探索			
	978 - 7 - 5760 - 0692 - 6	48.00	2021 年 1 月
学科课程与育人质量	978 - 7 - 5760 - 0654 - 4	48.00	2021 年 1 月
在地文化与课程图谱	978 - 7 - 5760 - 0718 - 3	46.00	2021 年 2 月
中观课程设计与学科课程发展	978 - 7 - 5760 - 0624 - 7	36.00	2021 年 1 月
大教学：英语学科核心素养培育的课程模式			
	978 - 7 - 5760 - 0462 - 5	46.00	2021 年 1 月

特色学校聚焦丛书

不一样的生命,一样的精彩	978 - 7 - 5675 - 8675 - 8	34.00	2019 年 3 月
童味正醇:特色学校的文化图谱	978 - 7 - 5675 - 8944 - 5	39.00	2019 年 8 月
特色普通高中课程建设探索	978 - 7 - 5675 - 9574 - 3	34.00	2019 年 10 月

儿童是天生的探索者:360°科学启蒙教育

| | 978 - 7 - 5675 - 9273 - 5 | 36.00 | 2020 年 2 月 |

做精神灿烂的教师:教师自我成长的 5 个密码

| | 978 - 7 - 5760 - 0367 - 3 | 34.00 | 2020 年 7 月 |

让教育温暖而芬芳	978 - 7 - 5760 - 0537 - 0	36.00	2020 年 9 月
快乐教育与内涵生长	978 - 7 - 5760 - 0517 - 2	46.00	2020 年 12 月
故事教育与儿童发展	978 - 7 - 5760 - 0671 - 1	39.00	2021 年 1 月
美好教育:学校内涵发展的循证研究	978 - 7 - 5760 - 0866 - 1	34.00	2021 年 3 月
把美好种进儿童心田	978 - 7 - 5760 - 0535 - 6	36.00	2021 年 3 月

倾听生命的天籁:"天籁教育"的实践与探索

| | 978 - 7 - 5760 - 1433 - 4 | 38.00 | 2021 年 9 月 |

| 为了每一个孩子的美好心愿 | 978 - 7 - 5760 - 1734 - 2 | 50.00 | 2021 年 9 月 |

向着优秀生长:"模范教育"的理念与实践

| | 978 - 7 - 5760 - 1827 - 1 | 36.00 | 2021 年 11 月 |

跨学科课程丛书

| 大情境课程:主题设计与创意评价 | 978 - 7 - 5760 - 0210 - 2 | 44.00 | 2020 年 5 月 |
| 社会参与素养的培育模型与干预机制 | 978 - 7 - 5760 - 0211 - 9 | 36.00 | 2020 年 5 月 |

大概念课程:幼儿园特色主题活动设计

| | 978 - 7 - 5760 - 0656 - 8 | 52.00 | 2020 年 8 月 |

项目学习:进入学科的课程智慧	978 - 7 - 5760 - 0578 - 3	38.00	2021 年 4 月
STEAM 课程的设计与实施	978 - 7 - 5760 - 1747 - 2	52.00	2021 年 10 月
幼儿个性化运动课程	978 - 7 - 5760 - 1825 - 7	56.00	2021 年 11 月

核心素养导向的课堂教学丛书

| 漾着诗性智慧的课堂教学 | 978 - 7 - 5675 - 9308 - 4 | 39.00 | 2019 年 7 月 |

转识成智的课堂教学:核心素养导向的历史教学

| | 978 - 7 - 5760 - 0164 - 8 | 40.00 | 2020 年 5 月 |

| 学导式教学:学会学习的教学范式 | 978 - 7 - 5760 - 0278 - 2 | 42.00 | 2020 年 7 月 |

高阶思维教学的关键技术	978 - 7 - 5760 - 0526 - 4	42.00	2021 年 1 月
会呼吸的语文课：有氧语文的旨趣与实践			
	978 - 7 - 5760 - 1312 - 2	42.00	2021 年 5 月
高阶思维教学的核心指向	978 - 7 - 5760 - 1518 - 8	38.00	2021 年 7 月
磁性课堂:劳动技术课就这样上	978 - 7 - 5760 - 1528 - 7	42.00	2021 年 7 月
核心素养导向的作业设计	978 - 7 - 5760 - 1609 - 3	40.00	2021 年 8 月
语文,让精神更明亮	978 - 7 - 5760 - 1510 - 2	42.00	2021 年 9 月
"六会"教学法：基于核心素养的课堂教学			
	978 - 7 - 5760 - 1522 - 5	42.00	2021 年 9 月

特色课程建设丛书

教师,生长的课程	978 - 7 - 5760 - 0609 - 4	34.00	2020 年 12 月
学校课程发展的实践范式	978 - 7 - 5760 - 0717 - 6	46.00	2020 年 12 月
丰富学习经历：如歌式课程的愿景与深度			
	978 - 7 - 5760 - 0785 - 5	42.00	2020 年 12 月
学科课程群设计方法	978 - 7 - 5760 - 0579 - 0	44.00	2021 年 3 月
学校美育课程的立体建构：菁华园课程的逻辑与框架			
	978 - 7 - 5760 - 0610 - 0	36.00	2021 年 3 月
关键学习素养与学科课程设计	978 - 7 - 5760 - 1208 - 8	34.00	2021 年 4 月
学校课程设计：愿景建构与深度实施	978 - 7 - 5760 - 1429 - 7	52.00	2021 年 4 月
生长性课程：看见儿童生长的力量	978 - 7 - 5760 - 1430 - 3	52.00	2021 年 4 月
"慧阅读"课程：儿童视角	978 - 7 - 5760 - 1608 - 6	42.00	2021 年 6 月
诗意栖居的课程愿景：智慧岛课程的逻辑与深度			
	978 - 7 - 5760 - 1431 - 0	44.00	2021 年 7 月
每一个孩子都是最重要的人：V - I - P 课程的内在意蕴与学科视角			
	978 - 7 - 5760 - 1826 - 4	54.00	2021 年 8 月
给每一个孩子带得走的能力：并养式课程的旨趣与探索			
	978 - 7 - 5760 - 1813 - 4	42.00	2021 年 10 月
指向核心素养的课程统整框架：I AM BEST 课程的学科之维			
	978 - 7 - 5760 - 1679 - 6	48.00	2021 年 11 月